Guerre de 1870

... ET VERTUS MILITAIRES

avec un croquis dans le texte

LIBRAIRIE CHAPELOT

MARC IMHAUS ET RENÉ CHAPELOT, ÉDITEURS

PARIS | NANCY

30, Rue Dauphine | [illegible]

1912

MÉMENTO DU SOLDAT

Guerre de 1870

MAXIMES ET VERTUS MILITAIRES

Capitaine Pierre TERRIAL

MÉMENTO DU SOLDAT

Souvenons-nous, entraînons-nous,
Silence dans les rangs !....

Guerre de 1870

MAXIMES ET VERTUS MILITAIRES
avec un Croquis dans le texte

LIBRAIRIE CHAPELOT
MARC IMHAUS ET RENÉ CHAPELOT, ÉDITEURS

PARIS
30, Rue Dauphine (VIe)

NANCY
Rue de Metz, 95 à 101

1912

INTRODUCTION

A mes soldats..... « Société d'honnêtes gens, — plus purs et plus délicats que les gens du monde. »

Maréchal Prince de Ligne.

Beaucoup d'entre vous n'ont pu apprendre l'histoire militaire de notre pays et trop de soldats ignorent les événements de la guerre de 1870.

« Cette histoire qui nous touche de si près, cette his-
« toire pour laquelle nos pères sont morts sur les champs
« de bataille de Metz et de Sedan, dans les boues de la
« Loire ou les neiges de l'Est, cette histoire aux dures
« leçons, on la sait mal ou on ne la sait plus [1]. »

La vie militaire étant le prolongement de l'école et de la famille, il nous appartient de vous apprendre ce que la France a souffert en 1870 et que nul n'a le droit d'oublier que « la dette de haine » de l'année terrible est encore impayée.

« Une des plus pernicieuses maladies qui puissent ron-
« ger un peuple, c'est l'oubli, surtout l'oubli des mauvais jours [1]. »

Les pourparlers engagés au sujet de la campagne du Maroc d'où faillit sortir la guerre avec l'Allemagne ont montré que la France n'oubliait pas « qu'une nation,
« même divisée à l'intérieur, peut spontanément faire
« l'unité de ses enfants pour la veillée des armes et la
« défense de l'honneur de son nom ».

---

(1) P. et V. Margueritte.

La France avant la Guerre

Oui, elle suffit, cette leçon de haine.
Nous la savons par cœur, nous la disons souvent.
P. DÉROULÈDE.

A la fin du second Empire, la France se croyait invincible; elle avait oublié les sombres journées de Leipzig et de Waterloo où elle faillit périr; en revanche elle entretenait le souvenir de ses dernières et faciles victoires et elle croyait l'armée assez forte pour vaincre l'irréductible ennemi d'Iéna.

Qui pouvait croire à la guerre? J. Favre disait qu'il ne fallait pas embrigader, cuirasser la France, et Thiers lui-même traitait de fable et de fantasmagorie le péril des gros bataillons allemands. Seul le maréchal Niel prévoyait le danger et voulait réorganiser l'armée; il mourut à la tâche en 1869; son successeur, le maréchal Lebœuf, accepta de réduire à 90.000 hommes le contingent annuel et fit démonter les remparts des places de l'Est.

Pour écarter l'éventualité de la candidature d'un prince allemand au trône d'Espagne, la France va, en 1870, dans « sa folle présomption », se lancer dans une guerre à laquelle elle n'était pas préparée.

***

... Cette histoire maudite,
Si déjà vous l'avez entendue et souvent,
Tant mieux, clou martelé n'entre que plus avant.
P. DÉROULÈDE.

Pour comprendre les événements qui éclatèrent comme un « coup de foudre dans un ciel bleu » (1), il faut se reporter à quelques années en arrière. La France, dans un amour du bien-être qui est le plus grand dissolvant des caractères, s'était donnée gaiement à l'Empire.

(1) P. et V. Margueritte.

« L'Empire c'est la paix », avait déclaré Napoléon III; et malgré les guerres faites au loin, sans grand profit pour nous, la France croyait si bien à une paix durable qu'il ne fallut rien moins que l'étonnante victoire de la Prusse contre l'Autriche à Sadowa pour la sortir de sa léthargie. Néanmoins, en dépit des fautes gouvernementales, des alarmes patriotiques du général Ducrot, gouverneur de Strasbourg, des avertissements de notre ambassadeur et du colonel Stoffel, attaché militaire à Berlin, l'optimisme persistait; le réveil fut terrible.

Il faut ajouter que les théories dissolvantes du pacifisme qui avaient cours en France dès 1868 avaient peu à peu porté leurs fruits, tandis qu'en Prusse, pendant que l'armée s'organisait sous l'habile direction de de Moltke, le patriotisme le plus ardent était enseigné à l'école.

Si on a pu dire qu'en 1870 « le maître d'école allemand « a vaincu la France, il faut aujourd'hui que le maître « d'école français prépare la revanche (1) ».

Notre armée en 1870 était pourtant redoutable, mais, pour employer la forte expression de P. et V. Margueritte, « la France alors n'a pas voulu vaincre ». Elle n'eut « pas, comme au temps de la Révolution, la fièvre ardente « de patriotisme, l'énergie furieuse des suprêmes dangers, « la résolution farouche et exaspérée de ne point laisser « périr la cause de la Liberté; une sorte d'âpre et inflexi- « ble colère contre la coalition de tous les malheurs; un « prodigieux et irrésistible débordement d'enthousiasme « qui, au milieu des dangers, ont électrisé les courages, « illuminé les intelligences, fait marcher généraux et « soldats confondus, hors de tout espoir personnel, dans « un dévouement commun à la Patrie; relevé les battus « après une série de défaites; rallié les fuyards dans les « pires déroutes; inspiré cet acharnement qui lasse la

(1) Général Pédoya.

« mauvaise fortune, allume ces éclairs de génie qui déconcertent toutes les prévisions. » (C. Pelletan.)

Accroissement de la Prusse

... Je garde en mon âme française
Ma foi de citoyen, mes haines de soldat.
P. Déroulède.

Examinons sommairement quelle était avant 1870 la situation de la France et de la Prusse et les causes qui déchaînèrent la lutte d'où nous devions sortir mutilés.

A la fin du XVIIIe siècle, la Prusse était devenue, par suite de guerres heureuses, l'une des principales puissances militaires de l'Europe.

Déjà belliqueuse sous les règnes de ses rois-soldats, elle faillit sombrer pendant les guerres du Ier Empire. Vaincue à Iéna et à Auerstædt par les armées de Napoléon Ier qui l'occupèrent pendant sept ans, elle ne reprit la lutte qu'en 1813. Pendant l'invasion de la France en 1814-1815 par l'Europe coalisée, la Prusse fut la plus acharnée à notre perte et notre démembrement ne fut évité que grâce à l'empereur de Russie.

Les états allemands étaient, avant 1864, groupés en « Confédération germanique » sous la suprématie de l'Autriche; la Prusse résolut de faire l'unité à son profit.

En 1864, elle s'attaque au Danemark auquel elle prend le Holstein. A l'Autriche, qui réclame des compensations territoriales, elle déclare la guerre en 1866 et la bat, après une courte campagne, à Sadowa, grâce à la neutralité de la France et à l'alliance de l'Italie. La Prusse groupe alors sous son autorité et sous le nom de « Confédération du Nord » tous les états allemands y compris les provinces danoises du Holstein et du Slesvig.

La France après le Premier Empire

Nous l'avons eu votre Rhin allemand,
Il a tenu dans notre verre!...

A. DE MUSSET.

La France a toujours été un grand peuple, le Rhin est sa frontière naturelle du nord et de l'est. Si elle a pu jadis asservir bien des peuples et leur imposer sa volonté, elle saura un jour reprendre ses frontières parce qu'elle est un peuple plein de vie, un peuple militaire, qu'un tel peuple ne dure que par la victoire; elle sait « que les peuples « civilisés qui ont cessé d'être militaires ont péri et en « périssant ont fait reculer la civilisation ».

Après 1815, la France avait rapidement et facilement, grâce à son ressort et à ses richesses naturelles, réparé ses forces et refait son armée à laquelle une série de guerres heureuses rendirent la gloire de jadis.

C'est la conquête de l'Algérie, de 1830 à 1850. Puis la campagne de Crimée, de 1854 à 1855, faite au profit de la Turquie contre la Russie et où nos armées alliées à l'Angleterre s'illustrent à l'Alma et à la prise des ouvrages du Mamelon-Vert et de Malakoff, qui firent tomber la place de Sébastopol.

En 1859, nous aidons le royaume de Piémont à s'affranchir du joug de l'Autriche et à faire l'unité italienne; nous sommes vainqueurs à Montebello, Palestro, Turbigo, Magenta et Solférino. A la suite de la campagne d'Italie la Savoie et le Comté de Nice se donnent volontairement à la France.

La campagne de Chine, en 1859-1860, nous ouvre les portes de l'Extrême-Orient dont bientôt nous occupons la Cochinchine.

Enfin la malencontreuse expédition du Mexique, en 1862-1867, engagée en faveur de l'archiduc Maximilien d'Autriche, fut marquée par la prise de Puebla et de Mexico.

Malheureusement, toutes ces victoires avaient le grave tort, en servant des intérêts étrangers et quelquefois opposés à ceux de la France, de lui coûter cher, d'agiter les partis et de lui créer des inimitiés à l'extérieur.

Des signes de mécontentement, en effet, se manifestaient contre le gouvernement qui avait accepté de faire ces guerres et contre l'armée qui en était l'instrument. Les fomenteurs de troubles oubliaient que « la Patrie doit « toujours être servie même si elle se trompe, parce qu'elle « périt si on l'abandonne et que sa chute est un plus grand « mal que son erreur (1) ».

* * *

... Si je dois tomber en un jour de bataille,
C'est au sol prussien que je veux mon tombeau.
P. DÉROULÈDE.

Pendant que la France gaspillait au loin son or et son sang, la Prusse travaillait en silence et avec opiniâtreté à l'organisation de son armée.

Elle savait que « les destinées d'une nation ne sont que « la conséquence logique, inflexible, de ce qu'elle vaut, « de ce qu'elle a longuement préparé par ses actes, ses « défaillances ou son énergie (2) ».

Après la victoire de Sadowa, quand Napoléon III réclama à la Prusse les compensations qui lui avaient été promises pour prix de sa neutralité, le vainqueur répondit : « Pas un pouce de terre allemande, plutôt la guerre. » Bismarck désirait d'autant plus vivement la guerre qu'il connaissait par de nombreux espions et ses propres voyages en France le mauvais état de notre armée, affaiblie par ses propres succès et les réductions qui y avaient été faites malgré le cri jeté de la tribune par le maréchal Niel : « Vous ne

(1) Prévost-Paradol.
(2) Viollet-le-Duc.

voulez pas faire de la France une caserne, prenez garde d'en faire un cimetière. »

L'empereur Napoléon III, trompé dans son espoir d'annexion, voulait également la guerre, dont le succès, qu'il croyait certain, permettrait de réaliser ses espérances et d'assurer, en le consolidant, le trône à son fils.

Pour se donner l'apparence du bon droit et assurer plus sûrement notre isolement, la Prusse nous représentait auprès des royaumes allemands, ses vassaux, comme des envahisseurs prêts à reprendre toutes les provinces de la rive gauche du Rhin.

Préliminaires et déclaration de la Guerre

> J'ai mon drapeau dans ma chaumière,
> Quand secourai-je la poussière.
> Qui ternit ses nobles couleurs.
>
> BÉRANGER.

Les relations étaient donc très tendues entre la France et la Prusse. D'où viendrait la « dernière goutte qui ferait déborder le vase » ?

Elle vint de l'inconnu, alors que tout danger semblait conjuré et qu'Emile Ollivier, président du Conseil des ministres, déclarait à la Chambre : « A aucune époque le maintien de la paix en Europe n'a paru plus assuré. »

A la suite d'une révolution, la couronne d'Espagne avait été offerte à un prince de Hohenzollern.

Gros émoi pour la France! La Prusse va-t-elle s'installer aux Pyrénées!

Sur la plainte de Napoléon III, le roi de Prusse fit retirer la candidature de son parent. C'était la paix assurée et tout allait rentrer dans le calme sans Bismarck qui, en travestissant une dépêche du roi de Prusse, fit connaître à l'Europe entière, le 15 juillet, que l'ambassadeur français avait été éconduit par le roi à l'entrevue d'Ems.

Cette dépêche fausse était rédigée en termes tels qu'elle provoqua dans tout le pays une explosion de colère et, le 17 juillet, malgré les supplications de Thiers et les prophétiques paroles de Gambetta, la France déclarait la guerre à la Prusse.

Dans la même séance, et alors que le maréchal Lebœuf assurait, aux applaudissements de la Chambre, qu'il « ne nous manquait pas un bouton de guêtre », le président du Conseil ajoutait : « Messieurs, ce sera une promenade militaire. »

*
* *

J'aime qu'un Russe soit Russe,
Et qu'un Anglais soit Anglais.
Si l'on est Prussien en Prusse,
En France, soyons Français.

BÉRANGER.

Au moment où la France va se jeter si inconsidérément dans une guerre que la Prusse a eu l'habileté de se faire déclarer, voyons si elle pourra compter sur quelques alliances.

En 1859, elle avait combattu l'Autriche et, bien que des rapports amicaux se fussent établis depuis entre les deux nations, la France ne pouvait guère compter sur un appui qu'elle-même n'avait pas donné à l'Autriche en 1866.

L'Italie, certes, nous devait son indépendance; mais elle avait été l'alliée de la Prusse en 1866, et elle voyait d'un mauvais œil nos troupes garder le Pape dans Rome, dont Victor-Emmanuel voulait faire la capitale de son royaume.

L'Angleterre était toujours considérée comme l'ennemie héréditaire et c'est à peine si la campagne de Crimée, faite en commun, avait pu désarmer cette vieille inimitié.

La Russie enfin, bien qu'ayant des rapports cordiaux avec nous, était prussophile alors et si loin de nous!...

Nous allions donc nous trouver seuls, d'autant plus seuls que toutes les nations blâmèrent notre rôle en apparence provocateur, notre attitude emportée et orgueilleuse et nos visées ambitieuses d'accroissement territorial après 1866, perfidement divulguées et amplifiées par Bismarck.

Comparaison entre les forces militaires de la France et de la Prusse

« Quand je pense que j'ai été maréchal de France et que je ne suis plus que roi de Suède!... »

BERNADOTTE.

Examinons les situations et les forces des deux puissances qui vont entrer en lutte. La France d'abord.

L'empereur Napoléon III, ruiné par la maladie, était un esprit inquiet et indécis; « âme flottante qu'une autre « âme, l'impératrice, faisait mouvoir; plein de témérité « et de patience, de fatalisme et de calcul; impérial et « révolutionnaire, autocrate et socialiste; bon à l'ex- « cès (1) », ignorant tout de l'armée dont il était à peu près inconnu.

Les maréchaux et les généraux de l'Empire, des hommes de grand courage, quelques-uns, alourdis par l'âge, se jalousant parfois, et qui, ayant trop vécu loin des troupes, ne pourront plus souvent leur communiquer ce qu'ils n'ont plus eux-mêmes, l'audace, l'énergie et la foi dans la victoire; qui, par crainte des responsabilités, ne sauront ni donner l'impulsion, ni imposer leur volonté, ni utiliser les initiatives; qui oublieront que commander c'est prévoir, et que « rien ne s'impose à la guerre que le désordre et la défaite (2) ».

Un état-major général, composé de brillants aides de camp et de courtisans, ignorant tout de l'Allemagne et de son armée, et ne soupçonnant même pas ce que pouvaient être la grande guerre et la tactique. « N'avons-nous pas

(1) G. Guizot.
(2) Napoléon Ier.

entendu, dit le général Bonnal, un gros personnage militaire dire du ton le plus sérieux à l'un de ses camarades : « Ah ça! tu crois donc à la tactique! »

Le corps d'officiers de troupe présentait, par contre, un bel ensemble de qualités, de résistance et d'entrain. Beaucoup étaient peu instruits et tous n'avaient que de vagues notions géographiques de l'Allemagne et même de la frontière de l'Est dont ils ne possédaient que quelques mauvaises cartes. En revanche, ils n'avaient jamais perdu le contact de la troupe dont ils avaient la confiance.

Le soldat, un impulsif, héroïque ou veule suivant les circonstances, dont les qualités belliqueuses sont plus agressives que résistantes et qui, dans le bien-être déprimant de la vie de garnison, avait un peu perdu de son énergie physique et morale, de sa discipline aussi, cette vertu qui ne s'acquiert qu'à la rude école de la guerre « par le contact d'homme à homme, d'âme à âme (1) ». Resté, malgré tout, le premier soldat du monde quand il est bien commandé.

* * *

> C'est ainsi que se perd, grande et presque admirable,
> Sous cet orgueil léger, la valeur d'un pays;
> C'est ainsi que la faute en remonte, implacable,
> Des soldats mal guidés, aux chefs mal obéis.
>
> P. Déroulède.

Outre que les places de la frontière de l'Est étaient mal entretenues et insuffisamment armées, les troupes n'étaient pas comme aujourd'hui organisées dès le temps de paix en brigades, divisions et corps d'armées, prêts à entrer en campagne du jour au lendemain grâce à l'utilisation judicieuse des chemins de fer et de tous les moyens de transport.

L'appel des réserves, dont depuis le Ier Empire nous n'avions jamais eu l'emploi, n'avait pas été préparé; aussi

(1) Emile Faguet.

beaucoup de réservistes ne rejoignirent-ils que tardivement, d'autres jamais, leurs corps d'affectation.

Notre frontière était gardée au nord et à l'est par les places de Verdun, Strasbourg, Metz, Belfort et Besançon, assez puissantes et capables de soutenir un long siège; toutes les autres places, de médiocre valeur, étaient à la merci d'une artillerie puissante.

L'adoption du fusil Chassepot nous donnait une certaine supériorité que l'inexpérience et l'infériorité du nombre feront vite disparaître; d'ailleurs, notre infanterie, écrasée par un sac trop lourd, avait désappris la marche et ne savait plus se garder.

Notre artillerie, bien que réorganisée en partie par le maréchal Niel, était inférieure en nombre et en puissance à celle des Allemands, et les mitrailleuses, sur lesquelles on fondait tant d'espoirs, ne furent que des impedimenta à ajouter à ceux, déjà si nombreux, des colonnes.

Quant à la cavalerie, figée dans les souvenirs héroïques de l'épopée napoléonienne, toujours brillante et intrépide au combat, elle ne saura ni éclairer ni garder l'armée.

*
* *

La revanche est la loi des vaincus; nous le sommes.
Je la demande à Dieu terrible et sans recours;
Prochaine et sans merci je la demande aux hommes.
Les chemins les plus sûrs sont parfois les plus courts.

P. DÉROULÈDE.

Dès le début de la guerre, nous ne pourrons réunir que 175.000 hommes au lieu des 380.000 prévus, et encore seront-ils dispersés sur un front de plus de 200 kilomètres. Faute plus grave, nous resterons pendant quinze jours dans l'immobilité la plus complète, au lieu de prendre l'offensive pour gêner la mobilisation allemande.

« En portant sur Mayence, le 28 ou le 29 juillet, les « 75.000 hommes dont il disposait en Alsace et en Lor- « raine, Napoléon III aurait obtenu un premier succès

« plus ou moins éphémère, mais certain, sur les groupes « épars des armées allemandes en formation dans le Pala- « tinat. Que fût-il advenu de cette pointe audacieuse? Nul « ne peut le dire, car les énergies morales que développe « l'offensive en pays ennemi dépassent quelquefois les « prévisions les plus favorables (1). »

Enfin, au lieu de reculer et de nous concentrer après les premiers revers, nous nous laisserons bloquer autour de Metz et Sedan, où fondront tous nos cadres. Aussi, si, malgré les 800.000 hommes de toute sorte que le gouvernement provisoire réunit après les désastres des armées du Rhin la France n'a pas pu vaincre, c'est qu'elle n'avait plus de cadres.

La guerre de 1870, dit avec raison P. Baudin, fut au début une guerre d'infortune où les chefs ont manqué aux troupes, une guerre de fortune ensuite où les troupes exercées ont manqué aux chefs. Ce qui prouve, une fois de plus, que la victoire va toujours aux armées fortement encadrées et bien commandées;

que « les cohues d'hommes ne sont bonnes à rien et « qu'il vaut mieux manœuvrer et combattre avec de trop « petits effectifs que de les grossir de troupeaux d'hommes « sans consistance et sans direction (2) »;

qu' « une armée de métier finira toujours par maîtriser « les foules confuses et impressionnables au danger qui « paraissent malheureusement et faussement devoir être « l'instrument des guerres futures (3). »

---

(1) Général Bonnal.
(2) Général Borgnis-Desbordes.
(3) Général von der Goltz.

*
* *

Redis-nous ces leçons dont tu formais des cœurs,
Le calme dans l'effort, le calme après l'outrage.
Redis-nous la Patrie et refais-nous vainqueurs.
P. Déroulède.

L'armée allemande est, dès 1870, l'image du pays. C'est la « nation armée ». Des troupes nombreuses, courbées sous une discipline de fer, solides autant que puissamment armées, pleines de patriotisme et commandées par des chefs instruits et ayant la volonté de vaincre.

Dès la déclaration de guerre, toute l'Allemagne est debout et autour du vieux roi Guillaume viennent se ranger tous les Etats du sud, les vaincus d'hier, dont nous espérions sinon la révolte, tout au moins la neutralité.

Tout et tous pour l'Allemagne.

Et, « instantanément, voilà que l'appareil sous pression, « le merveilleux automate militaire se déclanche. Du « haut en bas de l'engrenage, jour par jour, heure par « heure, la mobilisation, la concentration, tout est com- « biné, tout se déroule sans heurt, normalement. Lieux « d'embarquement, minutes de départs, durées des « voyages, stations de repos, points de débarquements, « cantonnements délimités par corps d'armée et divisions, « magasins établis, rien ne cloche (1) ».

C'est qu'il y avait à Berlin un grand gouvernement : Bismarck, un grand politique à l'esprit vaste et retors; un chef d'état-major, de Moltke, Danois naturalisé Prussien, esprit fin et observateur qui avait consacré treize années de son ministère à mettre à point l'outil merveilleux qui devait lui assurer la victoire; un habile ministre de la guerre, de Roon, travailleur infatigable, très éclairé sur notre situation militaire; des généraux et des officiers ayant fait leurs preuves en 1864 et en 1866, tous instruits, ayant le « culte hautain de leurs fonctions » et l'ardente volonté de vaincre l'ennemi d'Iéna.

(1) P. et V. Margueritte.

Au-dessus de tous, un vieillard, mais éprouvé, se souvenant d'Iéna et s'étant toujours occupé des choses militaires; roi ferme, sage et habile, « ne s'offusquant pas « de la gloire des hommes placés autour de lui, mais prenant leur gloire pour la sienne, leur servant de lien, « de plusieurs hommes n'en faisant qu'un et parvenu, « pour ainsi dire, à rendre à la Prusse le grand Fré« déric (1) ».

Mobilisation des Armées

Le Rhin, lui seul, peut retremper nos armes;
Dieu, mes enfants, nous donne un beau trépas.

BÉRANGER.

Pendant qu'une première armée allemande, forte de 500.000 hommes, se masse entre Rhin et Moselle, prête à fondre dans n'importe quelle direction, une autre, de 350.000 hommes, se rassemble en seconde ligne et, plus en arrière, 400.000 hommes des réserves de la landwehr.

Les troupes de 1re ligne sont placées sous le commandement suprême du roi Guillaume avec de Moltke comme chef d'état-major.

Les troupes françaises, elles, au lieu de se concentrer afin de mieux résister avec leurs 250.000 hommes, sont éparpillées en sept corps de la frontière belge à Belfort. Et encore la mise en mouvement, commencée fin juillet, s'était-elle effectuée dans le désordre et la confusion, les divers éléments se rejoignant et s'amalgamant tant bien que mal au milieu des ordres, des contre-ordres, de l'affolement général!

Napoléon III, qui a pris le titre de généralissime des armées, quitte Paris le 28 juillet avec son chef d'état-

---

(1) Thiers.

major Lebœuf, sans qu'un plan définitif ait été arrêté, des ordres donnés.

Il n'y aurait qu'à signer les lettres de service toutes prêtes, mais dans sa coupable bonté l'empereur ne veut mécontenter personne.

Le temps passe; l'état-major général, réuni à Metz, discute, s'impatiente, ne prend aucune détermination, cependant qu'éclate au dehors le chant de la *Marseillaise* et les cris : « A Berlin! » La sombre réalité apparaît enfin à l'état-major : va-t-on même pouvoir se défendre ; que faire ?...

L'Alsace et la Lorraine envahies

> ... Bien que ne haïssant aucun d'eux,
> Je les hais tous d'une répulsion unique.
>
> P. Déroulède.

Le 2 août, pour commencer, on décide d'attaquer les faibles effectifs allemands réunis à Sarrebruck. Mince succès dont nous ne savons pas profiter pour occuper les points importants et aller de l'avant, et où le maréchal Bazaine refuse son concours au général Frossard, précepteur du prince impérial, qu'il appelait le *maître d'école*.

Puis le douloureux calvaire commence.

Le 4 août, la division Abel Douay, du corps du maréchal Mac-Mahon, en pointe vers Strasbourg, est écrasée à Wissembourg et son général tué.

Le 6 août, Mac-Mahon qui, après la défaite de la division Douay, a reculé, abandonnant le passage des Vosges si facile à défendre, se heurte à Frœschwiller (Wœrth pour les Allemands) à 125.000 Allemands auxquels il ne peut opposer que 45.000 hommes. Vaincu, malgré une défense opiniâtre et l'héroïque charge des cuirassiers à Reichshoffen, la défaite se transforme bientôt en déroute; l'Alsace est envahie.

Le même jour, 70.000 Prussiens attaquaient les 30.000 hommes du général Frossard à Forbach. Lutte inégale où le général Frossard, non secouru par Bazaine cantonné à moins de 15 kilomètres du champ de bataille dans une coupable inaction, doit battre en retraite dans la direction de Metz et, à son tour, la Lorraine est envahie.

Le maréchal Bazaine, généralissime des Armées du Rhin

Le sang ne coûte rien qui nous vaut la victoire.
P. DÉROULÈDE.

A la suite de ces premiers et successifs revers, l'empereur Napoléon III passe le commandement de l'armée au maréchal Bazaine en qui les Chambres et le pays mettent leur confiance. Que va faire ce nouveau généralissime, espoir suprême de la France envahie?

L'armée du maréchal Bazaine, qui comptait 200.000 hommes de nos meilleures troupes, avait pour mission de s'éloigner de Metz afin de faire sa jonction avec les troupes du maréchal Mac-Mahon qui se réorganisaient au camp de Châlons.

Bazaine commence son mouvement le 14 août lorsque, soudain, l'armée, qui se garde mal, est attaquée à Borny, Combat indécis où chacun le soir se proclame vainqueur et où Bazaine, légèrement contusionné pendant la bataille, est félicité par l'empereur pour avoir enfin « rompu le charme ».

Le lendemain, 15 août, la marche sur Verdun est reprise lentement, sans ordres précis du commandement. Le plan de Bazaine est déjà arrêté : rester sous Metz. Et le 16 au matin il retarde l'heure du départ des cantonnements, lorsque, brusquement, toujours par surprise, les obus prussiens tombent dans le camp. Vite les troupes sont formées et la lutte s'étend de Rezonville à Mars-la-Tour, Vionville et Gravelotte. Nous avions l'avantage du nombre dans cette lutte qui fut très meurtrière et notre armée victorieuse coucha sur les positions conquises, comptant bien reprendre le combat le lendemain matin. Mais Bazaine ne sut pas ou ne voulut pas profiter de ce demi-succès et, sous prétexte de ravitaillement, il ordonna la retraite sous Metz. C'était s'avouer vaincu et faire le jeu des Allemands.

***

Là où il y a une volonté, il y a un chemin.
Lieutenant BURTIN.

Pendant que, la rage au cœur, nos troupes reprenaient la direction de Metz, l'armée prussienne massait toutes ses forces pour encercler le généralissime.

Le 18 août, la lutte fut particulièrement âpre et meurtrière à Saint-Privat, où le maréchal Canrobert put résister victorieusement toute la journée. Mais Bazaine n'ayant pas répondu à ses demandes réitérées de renfort, la nuit venue il dut battre en retraite. Et, le lendemain 19, l'armée du Rhin était enfermée dans Metz.

L'Armée du maréchal Mac-Mahon. — Sedan

Le succès sera aux armées qui posséderont le plus de caractères vigoureusement trempés.
Docteur LE BON.

Pendant ces tristes et mémorables événements, le maréchal Mac-Mahon achevait de réorganiser son armée en la débarrassant des éléments mauvais qui la gangrenaient et lui enlevaient sa cohésion.

Après bien des hésitations, toujours sans nouvelles de Bazaine, il se décide, le 21 août, à prendre la direction de Verdun. Sa marche étant éventée dès le 27 août, le maréchal, perplexe, se décide à hâter le passage de la Meuse.

Mais le 5e corps (de Failly) se laisse surprendre et anéantir le 30 août à Beaumont. A cette nouvelle, le maréchal Mac-Mahon, dans l'ignorance des intentions de Bazaine, quitte la route de Verdun et se laisse attirer par la mauvaise place à moitié démantelée de Sedan, vraie souricière qu'avaient très judicieusement abandonnée les armées de la Révolution en 1792.

***

Tout le monde est brave! La peur seule est artificielle.
Général Marbot.

L'armée prussienne poursuit le corps de Mac-Mahon et, dès le 31 août, elle prononce son attaque sur Bazeilles, où se couvre de gloire la brigade d'infanterie de marine de Martin des Pallières (12e corps). Puis la canonnade s'étend tout autour de Sedan. Le 1er septembre au matin, le maréchal, blessé dès le commencement de l'action, passe le commandement au général Ducrot qui, par ordre supérieur et secret, doit lui-même le céder au général Wimpffen.

Nos troupes, qui avec Ducrot avaient essayé de percer au nord pour rompre le cercle de fer qui les étreint, veulent tenter avec Wimpffen de s'échapper par le sud. Mais il est trop tard, à midi nous sommes débordés et, malgré les héroïques charges de la division Margueritte et de la brigade Galiffet qui arrachent au vieux roi Guillaume cette exclamation : « Ah! les braves gens! » à deux heures la bataille est perdue et l'armée enfermée dans Sedan.

L'empereur Napoléon III, qui avait rejoint l'armée du maréchal Mac-Mahon, se constitue prisonnier et, le 2 septembre, la capitulation de Sedan était signée par le général Wimpffen.

Capitulation de Sedan

O coup que rien n'efface; ô mal que rien n'apaise!
Le clairon prussien sonnait la *Marseillaise*.

P. DÉROULÈDE.

Plus de 100.000 hommes et un immense matériel de guerre furent livrés à l'ennemi.

3.000 à 4.000 des nôtres réussirent à percer et s'enfuirent en Belgique, où ils furent désarmés. Les autres, parqués pendant huit jours sans abris et presque sans nourriture dans la presqu'île d'Iges, surnommée le « Camp de la faim », furent ensuite dirigés sur l'Allemagne.

« La France n'avait jamais subi pareille humiliation; Sedan dépassait Iéna ». Aussi, pour célébrer leur étonnante victoire, tous, Bavarois, Saxons et Prussiens, entonnent des hauteurs qui dominent Sedan, le « *Wacht-am-Rhein* », leur hymne à la gloire du Rhin.

Proclamation de la République
La Patrie en danger

La guerre est un fléau purificateur...

Le désastre de Sedan fut le coup de tocsin qui devait arracher le pays à sa torpeur.

La conscience du danger se montre, s'affirme aussi bien en province qu'à Paris, et dans la journée du 4 septembre, pendant que l'impératrice fuyait les Tuileries, une révolution pacifique proclamait la République et installait à l'Hôtel de Ville le « gouvernement de la Défense nationale ».

Les Allemands, avec la captivité de Napoléon III, croyaient la guerre terminée; elle allait réellement commencer.

Le gouvernement de la Défense nationale galvanise les esprits, fait appel à tous les courages, rappelle dans son ardente proclamation inspirée par Gambetta les souvenirs de 1792, et décrète « la Patrie en danger ».

Avec la haine de l'ennemi qui enfantera les courages, les enrôlements volontaires affluent et de partout les patriotes apportent leur obole pour les achats de fusils et de canons.
« C'est l'énergie retrouvée, l'enthousiasme revenu, la con-
« fiance renaissante, le patriotisme ressuscité! [1] »

Par un effort vraiment incroyable la France, pendant cinq mois, va faire ce qu'aucune nation n'aurait été capable de faire, alors qu'elle manquait à peu près de tout.

Dès le 3 septembre, les Allemands avaient pris la direction de Paris et les négociations pour la paix n'ayant pu aboutir — Bismarck ne demandant rien moins que l'abandon, déjà, de l'Alsace et de la Lorraine et la continuation des hostilités devant Metz — la guerre défensive du territoire sacré de la patrie va commencer et les résistances locales s'organiser.

La France debout contre l'invasion

Investissement de Paris — Le Gouvernement de la Défense nationale

> Vous ne voulez pas la guerre?
> Mais elle vous guette, elle vous est imposée;
> regardez, elle est là!...
>
> Commandant de Fonclare.

Le 20 septembre, l'investissement de Paris commençait, mais, grâce aux soins du ministre Palikao, des approvisionnements considérables avaient été constitués et plus de 200 pièces marines servies par les équipages des vaisseaux et les troupes de la marine complétaient l'armement de l'enceinte et des forts de Paris.

De plus, une armée de 600.000 hommes s'organisa qui comprit dans ses rangs des échappés de Sedan et plus

(1) P. et V. Margueritte.

tard de Metz et des prisons d'Allemagne, qui viendront prêter leur concours et leur courage.

Outre ces troupes régulières, partout se formèrent des corps de francs-tireurs, dont quelques-uns rendirent de précieux services, et des corps de volontaires, dont ceux de l'Ouest, qui s'illustrèrent sous les ordres de M. de Charette.

Il y faut ajouter la garde nationale de Paris, forte de près de 350.000 hommes; mais c'était une véritable cohue qui, finalement, devait faire plus de mal que de besogne. Ce sont ces mêmes gardes nationaux qui, avec tant d'autres égarés, ensanglanteront la France pendant la « honteuse et courte folie de la Commune ».

Donc on avait des hommes, des armes, des munitions, de l'argent et le patriotisme battait au cœur de la plupart, mais il manquait à ces troupes, avec des cadres solides et expérimentés, la solidité et la discipline qui ne s'acquièrent que par l'éducation militaire.

En raison de l'insuffisance numérique des cadres, il fallut faire appel aux officiers retraités, confier des brigades et des divisions à des officiers de marine, nommer aux grades des hommes souvent peu connus et manquant d'expérience. Accepter dans de telles conditions des batailles rangées contre des troupes aguerries et enflammées de l'orgueil de leurs victoires, était tout au moins téméraire.

Peut-être eût-il mieux valu refuser les combats et harceler l'ennemi dans ses marches, multiplier les coups de main hardis sur ses derrières, organiser la résistance en utilisant chaque obstacle, en un mot employer dans cette lutte défensive la tactique de la guerre de partisans qui avait si bien réussi aux Espagnols contre nous pendant les guerres du premier Empire.

*
* *

Un régime militaire ne se soutient que par la victoire.
Général du Barail.

Courageusement, le général Ducrot, évadé de Sedan, accepte le commandement en chef de l'armée de Paris.

Le 19 septembre, des hauteurs de Châtillon, il essaie de repousser les troupes prussiennes : aux premiers coups de canon les recrues lâchent pied et rentrent en désordre dans Paris. Les Allemands peuvent alors s'emparer des positions les meilleures autour de la capitale.

Quelques jours avant l'investissement, trois membres du Gouvernement s'étaient rendus à Tours pour organiser la défense. Ils y furent rejoints en ballon par l'ardent patriote Gambetta qui sera l'âme de la Défense nationale.

Les batailles sous Metz

La gloire est le soleil des morts.
Balzac.

Après le combat de Saint-Privat, le 18 août, Bazaine avait reculé jusque sous Metz, d'où il devait se porter à la rencontre du maréchal Mac-Mahon.

Le 26, en effet, une sortie est tentée sur la rive droite de la Moselle, du côté de Noisseville; mais le commandant de l'artillerie ayant rendu compte qu'il n'y avait pas assez de munitions pour livrer une grande bataille, Bazaine donnait l'ordre aux troupes pleines d'entrain de rentrer dans les cantonnements, ce qui ne l'empêchait pas d'écrire le soir même au ministre : « Il m'est impossible de forcer les lignes », et à Mac-Mahon : « Nous pourrons percer quand nous voudrons, nous vous attendons », et de savoir parfaitement que Metz possédait plus de 100.000 obus.

Cependant, une nouvelle dépêche lui ayant confirmé la marche du corps de Mac-Mahon, Bazaine, malgré son désir d'inertie, se voit obligé d'ordonner une nouvelle sortie sur Noisseville le 31 août. Mais il ne quitte son quartier-général du Ban-Saint-Martin qu'à 11 heures, oublie de donner le signal de l'attaque si impatiemment attendu de ses 120.000 hommes, qui n'ont devant eux, d'abord, que de faibles détachements.

Lorsqu'il le donne, le soir à 4 heures, il est trop tard. Les troupes se battent courageusement jusqu'au milieu de la nuit et reprennent l'offensive à l'aurore; mais l'ennemi a reçu des renforts et, le 1er septembre à midi, le maréchal Bazaine donne l'ordre de regagner Metz.

*
* *

Quiconque cède, se tranche du mouvement et de la vie.
A. CLEMENCEAU.

Peu de jours après, l'armée de Metz apprenait avec stupeur la capitulation de Sedan, la captivité de l'empereur et la proclamation de la République. Bazaine se crut sans doute alors l'arbitre des destinées de la France, et, persuadé que Paris ne tiendrait pas plus de quinze jours, il pensa que, grâce à son armée encore intacte, les événements ne pourraient que tourner à son avantage personnel et peut-être le faire tout-puissant, l'impératrice régente?...

Bien qu'il eût, dans le cours de sa carrière, donné maintes preuves de courage personnel, « Bazaine man« quait de l'élévation de caractère qui permet seul à un « chef d'armée de se grandir à la hauteur des circons« tances difficiles. Indolent, alourdi de corps, sans acti« vité physique ni énergie morale, il se laissait aller à une « sorte de fatalisme insouciant et n'avait pas le sentiment « de ce qu'exigeait en ce moment l'honneur mili« taire (1) ».

Grâce à cette incurie, à cette aberration du sens moral, à cette incroyable naïveté, qui permit si facilement à Bis-

(1) Général Niox.

marck de duper un maréchal de France, l'armée de Metz, impuissante de rage, s'enlisait dans l'inaction, l'épuisement et la faim.

Comme Paris tient malgré tout, il faut bientôt, les vivres devenant rares, manger les chevaux qui meurent par centaines aux cordes. Des soldats affamés vont marauder, certains même, manger la soupe aux avant-postes prussiens. « La révolte gronde, non seulement dans l'armée, mais dans Metz guetté par la famine et dont les habitants protestent contre cette armée inutile qui dévore tout [1] ». Pour calmer ces exaspérations, Bazaine fit, du 26 septembre au 28 octobre, exécuter deux timides sorties, d'où nos troupes rapportèrent quelques vivres, et ce fut tout.

Il semblait cependant possible à cette armée de 170.000 hommes de tenter une vigoureuse offensive sur un point; « beaucoup sans doute auraient succombé, mais beaucoup « aussi auraient passé et l'honneur de nos armes eût été « sauf [2] ».

Bazaine ne tenta rien, même lorsqu'il se rendit compte qu'il avait été berné par Bismarck et qu'il n'avait fait que faciliter les projets des Prussiens en forçant son armée à capituler.

Il n'eut pas même un suprême désespoir de sa félonie, un reste d'honneur pour tâcher au moins de mourir en combattant au milieu de ses troupes. Au lieu de cet acte qui l'eût absous aux yeux de ses soldats et eût sauvé sa mémoire de l'opprobre, il mentit à son armée qu'il fit désarmer par crainte de mutinerie, en disant que la paix était prochaine et que les armes seraient rendues à la signature. Il fit porter drapeaux et étendards à l'arsenal, sous le prétexte de les détruire afin qu'ils ne tombassent pas aux mains des Prussiens. Quelques régiments, dont la vaillante

(1) P. et V. Margueritte.
(2) Général Niox.

brigade Lapasset, soupçonnant la trahison, brûlèrent les leurs ou s'en partagèrent les morceaux après les avoir déchirés.

Capitulation de Metz

Gardons pour la patrie
Une âme saine dans un corps sain.

Le 27 octobre, la capitulation de Metz est signée. « Metz la pucelle » hurle sa colère et son désespoir. Les cloches de la cathédrale sonnent le glas et la foule entoure la statue de Fabert, dont le socle porte, ô cruelle ironie, cette fière inscription : « Si, pour empêcher qu'une place que le roi « m'a confiée ne tombât au pouvoir des ennemis, il fallait « mettre à la brèche ma personne, ma famille et tout mon « bien, je ne balancerais pas un moment à le faire. »

Le 29 octobre, le dernier acte de la trahison s'accomplissait; Bazaine livrait à l'ennemi 180.000 hommes et 1.500 canons, sans compter d'immenses quantités de munitions et un important matériel de guerre.

Le 10 décembre 1873, Bazaine, traduit devant un conseil de guerre présidé par le général duc d'Aumale, le vainqueur d'Abd-el-Kader, fut condamné à la peine de mort avec dégradation militaire. Le maréchal de Mac-Mahon, président de la République, tenant compte des états de service de l'ex-maréchal, accéda au vœu du conseil et commua sa peine en vingt ans de détention. Evadé de l'île Sainte-Marguerite, Bazaine passa en Espagne où il mourut en 1888 dans la misère, le mépris et l'abandon.

« Un tel crime, a dit Gambetta, demeure au-dessus des « châtiments de la justice et déconcerte par son abîme « de bassesse et de stupidité. »

La levée en masse. — Exactions allemandes

On n'a jamais repris que par les armes,
Ce que l'on a perdu par les armes.

P. DÉROULÈDE.

Les armées allemandes, devenues disponibles après les opérations autour de Sedan et de Metz, avaient continué leur mouvement en avant, précédées des uhlans qui répandaient la terreur dans l'espoir de paralyser les défenses locales.

Les rigueurs allemandes étaient surtout dirigées contre les francs-tireurs et les partisans, qu'ils traitaient de bandits et fusillaient impitoyablement, le plus souvent sans jugement, quand ils les prenaient les armes à la main.

Ils enlevaient des otages, prélevaient, sur les malheureux pays dévastés, de lourdes contributions et punissaient par la fusillade et le feu tout attentat contre leurs soldats, tout abri ou tout secours donné aux troupes irrégulières. La Prusse s'est déshonorée par des cruautés sans nom, que depuis elle a tenté de justifier par l'attitude agressive, a-t-elle dit, qu'elle rencontra dans les provinces et la levée en masse décrétée par Gambetta le 2 novembre 1870.

C'est la Prusse, cependant, qui, en 1813, trouvait légitimes tous les moyens employés pour nous chasser :

« Le combat auquel est appelée la nation, disait le roi
« Frédéric-Guillaume, sanctifie tous les moyens, les plus
« terribles sont les meilleurs. »

Si la levée en masse ne produisit pas tout l'effet qu'en attendait Gambetta, les Allemands, en revanche, nous la reprochèrent durement et les soulèvements partiels furent impitoyablement réprimés.

Les conférences de Bruxelles en 1874, de la Haye en 1899 ne firent, malgré les protestations prussiennes, qu'affirmer plus que jamais le droit de la levée en masse.

Pendant cette seconde partie de la campagne, où « la France debout faillit, dans un suprême élan, vaincre par son « opiniâtreté la résistance allemande », s'il y eut, de la part de quelques Français, des défaillances et même des fautes qu'on ne saurait trop flétrir, il y eut aussi de nobles dévouements.

*
* *

> L'espérance vient à l'âme,
> Le courage monte au cœur.
>
> P. DÉROULÈDE.

Le théâtre des opérations grandissant chaque jour, résumons la série des combats livrés autour de Paris, sur la Loire, dans le Nord et dans l'Est.

Siège de Paris

Du 19 septembre au 30 octobre

> « De tels hommes, on ne les pleure pas, on les admire et on les envie, car ils sont l'honneur de notre armée... »
>
> Général TERRILLON.

Les troupes du général Ducrot qui, à la suite du combat de Châtillon, le 19 septembre, avaient abandonné les redoutes extérieures, les réoccupent après l'heureux combat de Villejuif des 22 et 23 septembre.

Des reconnaissances, poussées le 30 septembre sur Choisy et le 13 octobre sur Châtillon échouent malheureusement. Si celle tentée sur la Malmaison le 21 octobre réussit d'abord et jeta quelque trouble dans l'état-major prussien à Versailles, elle dut ensuite se replier faute de secours.

Chassés le 28 octobre du Bourget, les Prussiens le reprennent le 30 après un sanglant combat où s'affirme encore la valeur des troupes de la marine.

*
* *

Sommes-nous sans voisins pour être sans danger?
P. DÉROULÈDE.

L'échec du Bourget et la capitulation de Metz déterminèrent une émeute à Paris.

L'émeute vite se calme; mais Thiers, qui déjà désespère du succès, fait une sourde opposition à Gambetta et à tous ceux qui veulent la résistance à outrance.

« Nous n'avons pas le droit de capituler, disait Ducrot « aux membres du gouvernement qui envisageaient cette « éventualité. Nous avons des vivres, des armes, des mu- « nitions, nous avons des troupes qui s'améliorent chaque « jour, nous devons défendre Paris aussi longtemps que « possible pour permettre au pays de former des armées « nouvelles. Et si les ruines matérielles augmentent, les « ruines morales diminueront.

« Nous sommes sous l'épouvantable accablement de « Sedan et de Metz, la lutte seule peut nous relever de ces « affreux malheurs!...

. . . .

« Une grande nation comme la France se relève tou- « jours de ses ruines matérielles, elle ne se relève jamais « de ses ruines morales. En continuant à défendre pied à « pied le sol de la patrie, notre génération souffrira peut- « être davantage, mais nos enfants bénéficieront de l'hon- « neur que nous aurons sauvé. »

Siège et bombardement de Strasbourg

La blessure vit au fond du cœur.
VIRGILE.

Environ 4.000 des fuyards de Frœschviller étaient venus se joindre aux 13.000 fantassins, pontonniers, mobiles et marins de la garnison de Strasbourg commandée par le général Uhrich.

Le 10 août, le siège commence et, dès le 23, les 60.000 Allemands de Werder bombardent non seulement les remparts et la population, mais aussi les monuments, orgueil de la France.

La ville flambe pendant quatre jours et des trains s'organisent d'Allemagne pour venir assister à ce spectacle.

Le 2 septembre, le général Uhrich se rend pour éviter à Strasbourg les horreurs de l'assaut.

1re Armée de la Loire

Je chante les combats de ces guerriers preux.
DELILLE.

Une armée, qui s'organisait à Orléans sous le commandement du général de la Motte-Rouge, avait reçu mission d'aller au plus vite au secours de Paris.

Sans attendre que ses troupes soient entièrement prêtes, le général de la Motte-Rouge doit marcher sur Artenay où ses 8.000 hommes se heurtent, le 10 octobre, aux 14.000 Allemands de von der Thann. Ses troupes, saisies de panique, fuient vers Orléans que l'ennemi occupe le lendemain, non sans une vive résistance. Une division allemande se détache alors du corps d'Orléans pour disperser les rassemblements du côté de Chartres. Le 18 octobre elle brûle avec une froide cruauté la ville de Châteaudun, coupable de s'être défendue avec les francs-tireurs de Lipowski, et lui impose une contribution de guerre de 200.000 francs.

*
* *

Quand on tient à quelque chose,
On se bat pour le garder.

Le général d'Aurelle de Paladines, qui a remplacé le général de la Motte-Rouge dans le commandement de l'armée de la Loire, s'efforce, avec le concours du général Chanzy, de réorganiser l'armée au camp de Salbris.

Il s'agissait, après avoir réoccupé Orléans, de reprendre la marche sur Paris qui se préparait à une sortie. Les Allemands, prévenus à temps par leurs espions et aussi, il faut bien le dire, par la plupart des journaux français, abandonnent précipitamment Orléans.

On a souvent parlé, depuis la guerre, des renseignements que les Allemands trouvaient dans nos journaux sur les mouvements des troupes. Certaines de ces feuilles même n'hésitèrent pas à donner des conseils de lâcheté et de désertion, juste au moment où la patrie avait le plus besoin de ses enfants.

*
* *

Nous, nous avons séché nos pleurs par notre haine,
Et fixant nos regards sur la chance lointaine,
Nous n'en avons rien dit sans cesser d'y songer.

P. Déroulède.

Le 9 novembre, le général de Paladines atteint et bat les Bavarois de von der Thann à Coulmiers. Mais la brigade Martin des Pallières n'ayant pu arriver à temps pour appuyer le mouvement et la division de cavalerie Reyau n'ayant pris aucune part à la poursuite, l'ennemi s'échappe.

Le petit succès de Coulmiers, en nous rendant Orléans, donnait aux Allemands une nouvelle preuve de notre résistance et au pays l'espérance dans l'avenir.

Le gouvernement provisoire avait réuni sur la Loire de nouvelles troupes qui, jointes à celles du général d'Aurelle de Paladines, constituaient une armée de 200.000 hommes.

Pendant que le général de Paladines s'immobilise dans Orléans, Gambetta, qui n'ose le destituer, donne directement l'ordre aux dernières troupes organisées de marcher sur Fontainebleau et d'empêcher la jonction des armées ennemies.

Les combats, à trop grande envergure, de Ladon, le 24 et de Beaune-la-Rolande, le 28 novembre, s'ils gênèrent peu l'ennemi dans ses mouvements, lui dévoilèrent en revanche les intentions du gouvernement français.

Néanmoins, M. de Freycinet, ministre de la guerre, décide une offensive générale : l'armée de Paris va tenter, dans une « sortie torrentielle », de faire sa jonction avec les armées de la Loire réorganisées.

Le 1er décembre, le général Chanzy chasse les Prussiens de Villepion.

Le 2 a lieu le combat acharné de Loigny, où s'illustrèrent, sous les ordres du général de Sonis, les volontaires des Côtes-du-Nord et les anciens zouaves pontificaux de M. de Charette. Mais il fallut céder devant le nombre et les rigueurs d'une température glaciale. L'ennemi continue sa marche sur Orléans que le général de Paladines lui abandonne le 4 décembre, après avoir fait enclouer tous les canons.

***

... O héros inconnus,
O pauvres noms obscurs des ouvriers de gloire...

Pendant ces rudes journées, où le froid et la faim firent tant de victimes, les troupes avaient donné des preuves d'endurance et de courage, et les officiers, du plus grand dévouement.

Mais les uns, trop peu entraînés aux dures nécessités de la guerre, manquèrent parfois de discipline; les autres, trop âgés ou trop jeunes, n'avaient pas la résistance ou l'expérience nécessaires.

« Là où le commandement faisait défaut, la débandade « suivait presque toujours un engagement malheu- « reux (1). »

---

(1) P. et V. Margueritte.

2me Armée de la Loire

O combats sans seconds! O luttes sans pareilles!
Vaincus dont la défaite a vaincu le vainqueur.
P. Déroulède.

L'armée de la Loire, dont le commandement venait d'être enlevé au général d'Aurelle de Paladines, fut scindée en deux armées confiées, l'une au général Chanzy, l'autre au général Bourbaki provenant de l'armée du Nord.

Le général Chanzy eut d'abord pour mission de couvrir Tours pendant que le gouvernement de la Défense nationale transporterait son siège à Bordeaux.

Du 7 au 10 décembre, l'habile et actif général réussit dans une série de combats, malgré un froid vif et des privations nombreuses, à contenir l'ennemi en avant de Josnes. Malheureusement, aux ordres qu'il donnait lui-même, en succédaient d'autres, souvent contradictoires, envoyés directement par le gouvernement; d'où une indécision qui faillit rendre très critique la situation de l'armée.

Néanmoins « il est hardiment permis de dire que la « résistance des lignes de Josnes, cette interminable bataille, est une des glorieuses pages de la guerre, le plus « beau moment de la Défense nationale, l'immortel honneur de Chanzy [1] ».

***

L'honneur d'un peuple est plus cher que son sang.
P. Déroulède.

Le général Chanzy voulait, après avoir fortement encadré au Mans les renforts qui lui étaient envoyés, marcher avec Bourbaki au secours de Paris. Ce projet allait recevoir un commencement d'exécution quand le général Bourbaki reçut du gouvernement l'ordre de se rendre dans l'Est

---

(1) P. et V. Margueritte.

pour tenter de couper les communications de l'ennemi avec l'Allemagne.

Plan hardi, à vrai dire, et dont l'exécution énergique et rapide eût pu jeter le désarroi dans les armées allemandes, brusquement privées de leurs bases d'opérations. C'était malheureusement méconnaître la situation matérielle et morale de nos troupes.

D'autre part, si l'effort combiné des deux armées eût pu peut-être forcer l'ennemi à lever le siège de Paris, Chanzy, abandonné à ses propres moyens, ne pourra que lutter héroïquement et sans profit pour la capitale.

Le général Chanzy, après avoir ralenti l'élan de l'ennemi aux combats de Fréteval le 14 décembre, et de Vendôme le 15, parvint au Mans après des misères inouïes, poursuivi par toutes les forces allemandes disponibles depuis l'éloignement de l'armée de Bourbaki.

Heureusement, le jeune commandant de la 2e armée de la Loire, loin de rester inactif, tout en tenant tête aux Allemands à Vendôme, le 31 décembre, achevait de constituer son armée qui compta bientôt 90.000 hommes. Cette armée, malheureusement, avait trop de mobilisés n'ayant ni instruction militaire, ni discipline, ni courage, vertus qui ne s'acquièrent qu'au contact de troupes solides, au caractère trempé par la lutte.

Les 10 et 11 janvier, le combat commence autour du Mans et est habilement conduit par le capitaine de vaisseau Gougeard, commandant des volontaires de l'Ouest. Tout nous faisait présager la victoire quand, dans la nuit du 11 au 12, les mobilisés bretons, pris de panique, s'enfuirent sans tirer un coup de fusil. Cette défection, qui compromettait notre ligne de bataille, nous obligeait à abandonner le Mans, où les Allemands entrèrent le 12 au soir après un combat meurtrier.

*
* *

Tous les preux étaient morts, mais aucun n'avait fui.
A. DE VIGNY.

Le général Chanzy résolut alors, pour débloquer Paris, de s'éloigner d'autant moins qu'il sentait chez l'ennemi la lassitude d'une lutte opiniâtre qui semblait sans issue.

L'hiver, plus encore que le feu, avait fait de nombreuses victimes dans les rangs prussiens et les cadres avaient fondu. Aussi Chanzy voulait-il continuer la lutte en se retirant dans la région accidentée du Perche, où la résistance pouvait, en se continuant, coûter cher à l'ennemi et l'amener à composition.

Le gouvernement s'opposa à ce projet et prescrivit au commandant de la 2e armée de la Loire de battre en retraite derrière la Mayenne.

Poursuivies mollement, nos troupes n'eurent pas de peine à contenir les Allemands aux combats du 15 janvier à Alençon et Sillé-le-Guillaume, du 18 à Laval.

Le 28 janvier, l'armistice arrêta les opérations de la 2e armée de la Loire qui faillit, grâce à l'habileté de son chef, changer la face des choses et fit douter les Allemands du succès final.

Armée du Nord

Quand on était sorti vivant de ces mitrailles,
Le froid prenait au cœur et la faim aux entrailles.
P. DÉROULÈDE.

Pendant que la résistance s'organisait avec tant d'opiniâtreté sur la Loire, une armée se formait dans le Nord. Elle eut à lutter contre l'armée prussienne de Manteuffel, devenue disponible après la capitulation de Metz.

L'armée du Nord, plus heureuse que l'armée de la Loire, bénéficia de nombreux évadés de Sedan et de Metz, et elle compta vite 30.000 hommes valides et bien encadrés.

Le commandement en fut d'abord confié au général Bourbaki; celui-ci ayant été appelé à l'armée de la Loire, puis à l'armée de l'Est, l'armée du Nord passa aux mains du général Faidherbe.

L'ancien gouverneur du Sénégal, sans remporter de grands succès, va néanmoins pendant trois mois, en immobilisant près de 40.000 Alllemands, prolonger la lutte et faire renaître un peu d'espoir.

*
* *

Tous ces hommes, saisis d'un courage farouche,
Se ruèrent, hurlants, au milieu des vainqueurs.
P. DÉROULÈDE.

Le 27 novembre, Faidherbe résiste vigoureusement aux 35.000 Allemands qui assiégeaient Amiens. Vaincu par le nombre, il se retire en bon ordre derrière la Somme, pendant que les Allemands vont s'emparer, le 5 décembre, de Rouen, mais sans pouvoir empêcher les 20.000 soldats qui la défendaient de se retirer vers le Havre que les Allemands n'osent pas attaquer.

Malgré les rigueurs d'un hiver terrible, Faidherbe veut reprendre la marche sur Amiens pour tenter de secourir Paris. Attaquée le 23 décembre à Pont-Noyelles, l'armée du Nord résiste victorieusement, mais ses souffrances sont telles qu'elle est obligée de se retirer devant les Allemands qui vont assiéger Péronne.

Les 2 et 3 janvier, bataille indécise de Bapaume, qu'un effort de plus eût changée en victoire en sauvant Péronne qui dut capituler le 10 janvier après un bombardement de douze jours.

*
* *

Ces diables de Français commencent leur sabbat,
C'est le joyeux lever d'un matin de combat.
P. DÉROULÈDE.

Le 19 janvier, pour la troisième fois, le général Faidherbe, « ce chiendent de Faidherbe », comme l'appellent les Allemands, reprend l'offensive à Saint-Quentin pour appuyer une sortie de la garnison de Paris. Après un combat, où les jeunes troupes déploient cependant beaucoup d'énergie, il donne l'ordre définitif de la retraite vers Arras, sans que les Prussiens, exténués par cette résistance et les rigueurs de l'hiver, songent à la poursuite.

« Comme la 2e armée de la Loire, l'armée du Nord et « son chef avaient bien mérité de la patrie [1]. »

Armée de l'Est

> O ma tête, ne t'endors pas,
> Veille dans mon corps, ô mon âme!
>
> P. Déroulède (chanson kabile).

Tandis que Zastrow protège avec son corps les lignes d'étape prussiennes et les communications avec l'Allemagne, le général Werder, après la reddition de Strasbourg, a pour mission de surveiller Belfort et de disperser les rassemblements français dans l'Est.

Les deux principaux, aux ordres du général Crémer et du célèbre révolutionnaire Garibaldi, l'ancien chef de l'expédition des Mille, comptent environ 60.000 hommes de toute sorte, y compris quelques échappés de Metz et de Sedan.

Attaqué le premier, Garibaldi n'oppose qu'une faible résistance. Après un heureux coup de main sur Châtillon-sur-Seine, il échoue, le 26 novembre, dans sa tentative de reprise de Dijon occupé par les Allemands. Rejeté sur Autun, il réussit à repousser l'ennemi, puis il se cantonne dans Autun pour n'en plus bouger.

Tout l'effort des Allemands va désormais porter sur Crémer.

---

(1) P. et V. Margueritte.

*
* *

Vaincu par les Prussiens, vaincu par la nature,
O mon pays, quel Dieu terrible que le tien!

P. DÉROULÈDE.

Le 30 novembre, le général Crémer, après avoir repoussé une reconnaissance à Nuits, rejette l'ennemi vers Dijon après un nouveau succès à Nuits le 18 décembre. Epuisés, les deux partis restent sur la défensive.

C'est pendant ces événements que le général Bourbaki fut chargé d'aider Crémer à couper les communications des Allemands et de les obliger à lever le siège de Belfort. Pour réussir, il eût fallu agir vite et secrètement; or le transport des troupes, commencé seulement le 21 décembre, dura plus de quinze jours et, dès la fin de décembre, le mouvement était éventé. De Werder, qui évacue précipitamment Dijon, et Manteuffel, qui accourt du nord, vont tout mettre en œuvre pour ruiner les projets de Bourbaki.

Le 9 janvier, Bourbaki inflige à l'ennemi un échec à Villersexel; au lieu de profiter de cet avantage, il reste sur la défensive et ne reprend que le 11 la marche sur Belfort.

Le 15, à l'attaque de Montbéliard par les Prussiens échelonnés le long de la route, nous semblions l'emporter, lorsque Bourbaki, informé de l'approche de Manteuffel, donne, le 18 janvier, l'ordre brusque de la retraite sur Besançon.

Le but de la campagne était manqué et Belfort, abandonné à lui-même, va résister héroïquement; son gouverneur, le colonel Denfert-Rochereau, ne rendra la place, avec les honneurs de la guerre, que le 16 février.

*
* *

La retraite est commencée.
C'en est fini des combats,
Pauvre France! Pauvre armée!
Dieu n'aime pas tes soldats!

P. Déroulède.

Pendant sa retraite sur Besançon, l'armée de Bourbaki, poursuivie par les Allemands qu'elle venait de combattre, allait être prise de flanc par les troupes de Dijon, devenues disponibles après les combats des 21 et 23 janvier.

Besançon ayant fermé ses portes à l'armée de l'Est en déroute, Bourbaki, désespérant d'y ramener l'ordre et d'y réveiller les volontés abolies, tenta de se suicider. Le général Clinchant le remplaça le 27 janvier dans son commandement.

Ces émouvants événements montrent bien que, lorsque le désordre se met dans une armée en retraite, dont les forces physiques, les volontés et les espérances sont anéanties, « il n'y a plus ni exhortations, ni exemples qui puis- « sent maîtriser la brute déchaînée par l'exaspération de « la fatigue et de la peur. Adieu le devoir! Adieu l'hon- « neur! Adieu la patrie! (1) ».

*
* *

Eh bien, moi, je le hais, ce peuple de Vandales,
De reîtres, de bourreaux.....

P. Déroulède.

Cependant un armistice avait été conclu le 28 janvier, sans que, par un oubli aussi inexplicable que coupable, la malheureuse armée de l'Est, qui se retirait en désordre sur Pontarlier, non comprise dans cette suspension d'armes, eût été informée de cette décision.

A la nouvelle de l'armistice, reçue le 29, le général Clinchant avait arrêté le mouvement de retraite de ses

(1) P. Déroulède.

troupes. Les Allemands continuant leur marche, l'armée française, cernée de toutes parts, n'avait plus que la ressource de se réfugier en Suisse.

Le 1er février, le général Clinchant franchissait la frontière, conservant ainsi à la France une armée qui, augmentée des fuyards, se montait à plus de 80.000 hommes.

Quelques troupes du général Crémer, après une vigoureuse et dernière résistance, réussissaient à percer le rideau des troupes prussiennes et rentraient en France après de cruelles souffrances.

Siège de Paris *(suite)*

Du 30 octobre au 27 décembre

Qui reste en arrière?... Personne,
C'est un peuple qui se défend,
En avant!..

P. DÉROULÈDE.

Les pourparlers engagés après l'émeute qui suivit la sanglante journée du Bourget du 30 octobre n'ayant pas abouti, la lutte avait repris avec plus d'âpreté.

Spontanément, après la victoire de Coulmiers, le gouvernement de la Défense nationale avait décidé que l'armée de Paris tenterait une sortie, appuyée par l'armée de la Loire. Le mouvement fut vite connu des Allemands et nos attaques restèrent décousues.

Le 30 novembre, l'armée de Paris s'empare de Champigny.

Le 1er décembre a lieu le ravitaillement et, après une nuit glaciale, la bataille reprend le 2. Mais les troupes ayant été décimées par le froid, le général Ducrot fut contraint de les ramener en arrière.

Le 21 décembre, nouvelle attaque du Bourget où les troupes de la marine de l'amiral de la Roncière le Noury firent preuve d'endurance et d'un rare courage. Le général Trochu n'ayant pas envoyé les secours attendus, il fallut encore battre en retraite.

Bombardement de Paris. — L'armistice

... Qu'un vengeur naisse un jour.
(L'*Enéide*.)

Le réseau allemand se resserre alors et, le 27 décembre, commençait le bombardement de Paris sur l'ordre de Bismarck qui avait attendu, suivant sa propre expression, que la capitale « eût suffisamment cuit dans son jus ».

Ouvert sur les forts de l'est et le plateau d'Avron dès le 5 janvier, le bombardement s'étendait aux forts du sud et aux quartiers de la rive gauche de la Seine. Les forts d'Issy, de Vanves et de Montrouge, armés par les troupes de la marine, souffrirent beaucoup; mais, grâce aux travaux effectués chaque jour, ils étaient encore en bon état de résistance après un mois de bombardement.

Pendant vingt-trois jours, Paris supporta courageusement cette nouvelle épreuve, mais le pain noir et la viande de cheval même se faisaient rares. Exaspéré par les privations sans nombre, Paris, qui ne désespéra jamais du succès, réclamait avec instance la « sortie torrentielle » pour éviter 'lembouteillement qui le menaçait et eût rendu toute tentative illusoire.

*
* *

La victoire est aux audacieux.

Poussé par la colère publique, le gouvernement décide de reprendre la tentative de percement.

Dans la nuit du 18 au 19 janvier, 90.000 hommes sont massés au pied du Mont-Valérien. Le 19, après un sanglant combat, nous occupons Montretout et Buzenval, mais l'artillerie embourbée ne peut appuyer les attaques. Le désordre se met dans les rangs à la suite de la panique des gardes nationaux qui tirent sur les amis comme sur les ennemis, et la retraite, ordonnée par le général Trochu, dégénère bientôt en fuite éperdue.

La date du 19 janvier indique l'abdication de Paris à Buzenval.

La veille, au palais de Versailles, le roi Guillaume se faisait proclamer empereur d'Allemagne.

Fin de la Guerre. — Capitulation de Paris

> ...Cachant nos fusils et leurs lueurs trop blanches,
> Nous allions pas à pas en écartant les branches.
>
> A. DE VIGNY.

A part quelques exceptions, partout les résistances sont brisées, c'est la convulsion, le dernier acte de la guerre. Les rares places qui tiennent encore en province vont se rendre les unes après les autres, non sans avoir, pour la plupart, épuisé toutes les résistances, tenté l'impossible même.

Dans la nuit du 22 janvier, un petit corps de partisans fait sauter le pont de Fontenoy sur la ligne de Strasbourg à Paris, coupant ainsi net l'artère principale du ravitaillement des Allemands. Ce hardi mais trop tardif coup de main ne fit qu'exciter encore la fureur des ennemis qui, par représailles, brûlèrent Fontenoy et imposèrent à la Lorraine une contribution de 10.000.000 de francs.

Il est cependant consolant et réconfortant de constater, alors que « les Prussiens, par leurs exactions et leurs vio-« lences dépassant toute mesure, encouraient l'opprobre « général », que ces partielles et héroïques résistances, mises au service d'un ardent patriotisme, nous rendirent, avec l'estime et la sympathie de l'Europe, la confiance dans l'avenir.

***

Malheur aux vaincus!

Depuis l'émeute du 22 janvier, la tristesse était générale. On sentait la capitulation proche et les forces vives du pays s'étaient peu à peu épuisées dans cette longue défense dont « la grandeur, dit Thiers, demeure l'un des « monuments de la constance et de l'énergie humaines ».

Les pourparlers commencent le 23 janvier; le 26 cesse le bombardement et le 28 janvier la capitulation est signée en même temps qu'un armistice de vingt et un jours, qui fut prolongé par la suite.

Paris livrait ses forts et tout son matériel de guerre à l'exception des fusils d'une division d'infanterie et de la garde nationale que l'on n'osa pas désarmer et qui fera tant de mal pendant la folie criminelle de la Commune. L'armée restait enfermée dans Paris, qui dut payer une contribution de guerre de 200.000.000 de francs.

La paix signée. — Démembrement de la France

Soyons les artisans virils des fortes tâches.
P. DÉROULÈDE.

L'armistice, dont étaient exclues l'armée de l'Est et la vaillante garnison de Belfort, enchaînait la province où la défense pied à pied du sol de la patrie pouvait, tout en compromettant le succès des Allemands, aussi las que nous de la lutte, gagner l'Europe à notre cause et nous ramener la victoire. L'héroïque résistance de Belfort et celle de la petite ville de Bitche, qui ne se rendit que le 26 mars, prouve que la lutte était encore possible.

Gambetta s'indigne que le sort de Paris soit lié à celui de la province et d'avance il repousse l'idée de toute concession territoriale :

« Livrer une parcelle du sol, s'écrie-t-il, serait violer « les droits de tous. La France est le bien de tous et « chaque motte de terre qu'elle couvre de son drapeau « est un patrimoine inaliénable. »

*
* *

O rôle immense! O tâche sainte,
Marchant sans cris, tombant sans plainte,
Qui travaille à notre rachat?
Le soldat!

P. Déroulède.

Le 26 février, M. Thiers, nommé chef du pouvoir exécutif, signe les préliminaires de la paix, ratifiée par l'Assemblée nationale le 1er mars, malgré l'appel désespéré des Alsaciens-Lorrains et les protestations véhémentes de Gambetta et des partisans de la lutte à outrance.

L'irrésistible appel des Alsaciens-Lorrains « restera le « document historique le plus noble, le plus beau, le « plus généreux qu'ait jamais dicté l'amour de la patrie « à des expatriés par la force [1] ». « Vos frères d'Alsace « et de Lorraine, disait-il, séparés en ce moment de la « famille commune, conservent à la France, absente de « leurs foyers, une affection filiale jusqu'au jour où elle « reviendra y reprendre sa place. La revendication de « nos droits reste à jamais ouverte à tous et à chacun. »

La paix, définitivement signée à Francfort le 10 mai 1871, coûtait à la France :

L'Alsace moins Belfort; une partie de la Lorraine avec Metz, c'est-à-dire quinze cent mille hectares de son territoire et plus de quinze cent mille de ses enfants.

Elle s'engageait à payer cinq milliards, dont le paiement intégral devait prendre fin le 1er mars 1875; alors aurait lieu l'évacuation du territoire par les armées prussiennes.

(1) P. Déroulède.

Le paiement fut terminé en 1873 et, à la même date, la France redevint libre.

Conséquences de la capitulation de Paris
La Commune

Nos bras sont armés,
Sachons armer nos cœurs.
P. DÉROULÈDE.

Il semble bien que, dans la hâte du repos, on soit allé un peu vite en besogne. Si l'on avait, en effet, attendu de connaître les rapports sur l'état du pays, on eût été peut-être gêné d'apprendre par des chiffres officiels qu'il nous restait plus de 600.000 soldats ou recrues qui s'armaient, dans le nord avec Faidherbe, dans le centre avec Chanzy, à Lyon avec le général Billot; que plus de 2.000 canons et des approvisionnements importants existaient dans les places. Encore une fois, n'y avait-il pas là de quoi harceler l'ennemi et l'amener à des propositions moins humiliantes?

***

Haïr est peu, gémir n'est rien, crier n'est pas,
Il faut l'effort qu'on voit,
Il faut le but qu'on touche.
Nous qui voulons un chef,
Faisons-lui des soldats!
P. DÉROULÈDE.

Le 18 mars, Paris arbore le drapeau rouge et proclame la Commune; le gouvernement, ne conservant que le fort du Mont-Valérien, se retire avec les troupes à Versailles.

Des criminels, entraînant avec eux un trop grand nombre d'égarés, dont beaucoup ne savaient pas ce qu'ils faisaient, commirent les pires exactions dans Paris terrorisé et, lorsque la résistance leur devint impossible, ils « incendièrent les principaux monuments, avant de disparaître de la scène de leur gouvernement éphémère ».

Ce n'est que le 25 mai, et après de sanglants combats livrés sous les yeux de l'étranger, que l'armée réoccupa Paris.

La répression fut aussi rigoureuse que l'exigeaient ces crimes de lèse-patrie, bien que beaucoup fussent imputables aux longues souffrances d'une guerre malheureuse.

ÉPILOGUE

O pays de France, si fertile en héros.

« La France a été vaincue; elle a resserré ses frontières, « l'œuvre de Richelieu est compromise et l'Empire, que « Napoléon croyait avoir détruit, s'est reformé au nord « de l'Europe.

« Deux provinces perdues, Strasbourg et Metz pliées à « une vie qui n'est plus la vie française, la race française « perdant l'appoint de ces populations d'élite, la nation « française perdant l'habitude de la victoire et se prenant « à douter de sa fortune, tels sont les résultats de cette « guerre mal préparée, mal engagée, mal conduite, où la « nation ne put que prouver, par un suprême effort, « qu'elle méritait une destinée plus clémente... [1]. »

Ce n'est pas au second Empire et à son armée seuls qu'il faut imputer la défaite.

« Dans la plupart des ouvrages inspirés par la guerre de 1870, on a trop volontiers cédé à la tentation de chercher des coupables auxquels imputer tous nos échecs. Tour à tour, on a choisi comme boucs émissaires l'empereur Napoléon III, ce rêveur égaré dans la politique, cet idéologue puni au delà de ses fautes par les arrêts impitoyables du destin; le maréchal Lebœuf, d'une si fatale imprévoyance; le Corps législatif, si mal inspiré dans ses

---

(1) Hanotaux.

luttes contre le maréchal Niel; les généraux qui se sont succédé au commandement de nos troupes, de Mac-Mahon à Bourbaki; enfin, le gouvernement de la Défense nationale et surtout sa délégation. Combien peu ont songé à reconnaître que l'armée française et nos gouvernants de 1870-1871 étaient purement et simplement, avec leurs qualités et leurs défauts, la représentation, l'image fidèle de la nation (1). »

***

Quand les cœurs sont vaillants,
Les corps sont aguerris.
P. DÉROULÈDE.

« ... La France a pansé ses blessures et restauré ses « forces; elle a même apaisé le tumulte de son cœur. « Quarante millions d'hommes nés sur le même sol, liés « les uns aux autres et ayant reçu ensemble une si dure « leçon, c'est le sentiment qu'on ne viendrait pas à bout « aisément de leur solidarité et de leur union (2). »

Pour s'acquitter et reconstituer ses forces, la France a dépensé plus de quinze milliards.

« Elle a trouvé ces ressources avec une facilité qui « prouve sa richesse et réparé ses désastres avec une rapi- « dité qui lui a ramené les sympathies de l'Europe, car « on n'aime que les gens forts (3). »

Aujourd'hui, régénérée, la France respire la foi, la vitalité et l'énergie, et si l'arrogance d'un ennemi triomphant voulut plus d'une fois la troubler dans sa réorganisation qu'il jugeait trop rapide, elle sait « user de prudence et de « modération, jusqu'au jour où elle pourra présenter à la « pointe de son épée ses légitimes revendications ».

Les événements du Maroc, qui faillirent amener la guerre avec l'Allemagne, ont montré que la France n'ou-

---

(1) Général Valat.
(2) Hanotaux.
(3) Général Niox.

bliait pas l'année terrible et qu'elle était prête à faire, spontanément, l'unité de ses enfants pour la veillée des armes et la défense de l'honneur de son nom.

Ecoutez les paroles ardentes échappées de la plume d'un de nos écrivains militaires au moment des événements du Maroc :

« Le vent d'Est a soufflé.

« De temps à autre il s'élève en saute subite, sec et « mordant; il roule et gronde et tourbillonne comme une « charge ou comme la mer qui déferle; et le coq gaulois « girouette et chante clair sous son choc aux pointes des « clochers, de Dunkerque à Nice, par Nancy et Belfort, de « Lunéville à Brest, par Châlons et Paris. Il est sec et « mordant, c'est un vent de glace. Mais les hommes de « France lui font face, ceux qui n'ont peur ni de la bise « ni du hâle. Ils le respirent à pleins poumons et une « vigueur étrange s'infiltre dans leurs membres; leurs « nerfs se trempent au courant froid qui passe et pren- « nent une élasticité de lame d'acier. Leurs narines se « gonflent et leurs cœurs se dilatent; les hommes de « France tendent l'oreille et henniraient quasi comme « des chevaux de guerre au galop d'une hourra. Ils tendent « l'oreille et, graves et frémissants, croient entendre... « Ils entendent des voix, dans les lames du vent qui « déferle de la Lorraine et des Vosges, par-dessus les côtes « de la Meuse et la falaise champenoise : voix puissantes « et voix menues, voix ardentes et voix suppliantes, cris « d'appels et chants de deuil, accents d'amour et de malé- « diction, gémissements de lassitude et hourra d'espoir « indompté, tonnerre du canon et choc des sabres, cli- « quetis des baïonnettes, broiement de poitrines, clameurs « d'assaut, roulement d'escadrons en poursuite... Les « oreilles se tendent et les narines se dilatent; et les yeux « voient, dans les remous de la tempête, des traînées « d'argent aspirées du Rhin français, et l'azur dont s'est

« chargée la vague au baiser des Vosges bleues; et les « remous claquent comme les plis des trois couleurs... « C'est le vent d'Est, le grand vent où se trempe l'âme « de la France, où s'aiguise son épée, où s'affile son cou- « rage. C'est une bise qui mord; elle est de glace et, « quand elle passe, on se rapproche d'instinct, pour se « tenir plus chaud et parce que toutes les voix qu'elle « porte à chaque instant s'unissent en une clameur : Ral- « liement!

« Et les Français se rallient, ils se serrent coude à coude « et, rien qu'à entendre les mêmes voix bruissantes dans « la tempête, sans échanger une parole, à peine un regard, « ils se sentent tous un même sang, une même chair, une « même âme, une même pensée, un seul bras. En garde!

« Nul ne parle.

« Le vent d'Est a soufflé, il souffle...

« D'autres déjà avaient parlé, qui nous disaient que le « vent d'Est ne soufflerait plus comme jadis, que de « grandes digues le barreraient, qu'il ne hâlerait plus les « visages et qu'il n'atteindrait plus les cœurs, et qu'il « ne sonnerait plus que ce mot nouveau, étrange, lourd « et lâche : Désarmement!...

« Le vent d'Est a soufflé et les digues n'existaient pas. « Dieu en soit loué! Car pour arrêter le vent, il eût fallu « les faire si hautes, si hautes, elles en eussent été si « fragiles et le vent d'Est est si brutal qu'elles se fussent « écroulées et eussent écrasé la France, pitoyablement « blottie derrière elles.

« Le vent d'Est a soufflé qui chasse les miasmes de l'air « et les sophismes des cerveaux, le vent glacial et qui pour- « tant échauffe les cœurs, tant rudement il les fouette et « qui, sur notre terre, fait à tous en les groupant jeter un « cri, un seul... Lequel? Paix? Non... Guerre? Non plus! « Mais France toujours!

« Qu'importe la paix ou la guerre! la France seule « compte. Ses fils ne font point fi de la paix (mais qu'ils « se gardent de l'aimer trop, de l'aimer pour elle-même « et non pour la France; mais pourquoi craindraient-ils « la guerre ? La craignent-ils ? Voyez-les plutôt tourner « la tête face au vent d'Est.

« Le vent d'Est a soufflé. »

Cette attitude calme dans la force est le fruit de notre réorganisation militaire et de notre méditation depuis « l'année terrible ».

« Si tu veux la paix, prépare la guerre, disaient les anciens. »

Nous sommes prêts et, si notre chauvinisme est moins bruyant qu'autrefois, sa susceptibilité n'en est point émoussée pour cela; il est plus réfléchi. C'est qu'avec le service obligatoire actuel, où chacun se doit à la patrie, tout le monde doit comprendre la nécessité impérieuse et vitale de la guerre, « de la guerre acharnée quand elle « défend le sol et l'avenir de la patrie, sa barbarie odieuse « quand elle ne sert que des intérêts de lucre; sa dégra- « dante imbécillité quand elle met aux prises des hommes « de même terroir, des frères (1) ».

*
* *

Les droits des vaincus restent toujours des droits.

Personne ne peut savoir quand nous aurons la guerre, mais nous avons tous le devoir de nous y préparer et le meilleur stimulant doit être le souvenir des maux que nous avons soufferts en 1870.

Si le cruel châtiment de l'année terrible nous indique des fautes à éviter, il donne des exemples à suivre.

Aux armées aguerries de l'Allemagne, nous n'avions à opposer, après Sedan et Metz, que des troupes improvisées

(1) P. et V. Margueritte.

qui, combattant sans espoir de vaincre, ont au moins sauvé l'honneur.

Sans oublier les sombres heures des armées du Rhin et du siège de Paris, gardons pieusement le souvenir des rudes journées de Wissembourg, de Reichshoffen, de Saint-Privat, de Bazeilles, de Sedan, de Loigny, du Bourget et d'autres encore qui sont autant de pages glorieuses inscrites au martyrologe de l'armée. Rappelons-nous Gambetta, Chanzy, Faidherbe qui jamais ne désespérèrent de la victoire. Que ces nobles exemples nous aident, le jour venu, à faire notre devoir et à vouer à la patrie, sans compter, notre intelligence, notre énergie et notre sang.

*
* *

Fils, du sol gaulois mis en terre prussienne,
Etranges exilés envahis par l'exil!
Frères d'Alsace et vous, frères de Lorraine,
Gardez-nous bien l'amour, gardez-nous bien la haine.
Vous êtes notre deuil, devenez leur péril!
Car, rapide ou tardive, elle viendra notre heure;
Le Dieu qui, nous frappant, ne nous a pas détruits,
Veut que ce peuple souffre, il ne veut pas qu'il meure;
Et les larmes de sang que notre haine pleure,
Coulent, torrent sacré, jusqu'au cœur du pays!

P. Déroulède.

MAXIMES ET VERTUS MILITAIRES

La guerre est utile, car elle est l'école des plus hautes vertus. Elle défend les peuples contre la mollesse et l'engourdissement résultant du bien-être et du pouvoir dissolvant de l'or; elle suscite les plus manifestes héroïsmes, elle exalte les forts, c'est-à-dire les plus dignes de la victoire, et elle est comme le glaive du droit.

Général MARBOT.

*
* *

Soyons prêts, rien ne s'impose à la guerre que le désordre et la défaite; malheur au peuple qui l'oublie.

NAPOLÉON 1er.

*
* *

Bonjour, bon an, mère France
Nouveau temps, nouveau chemin
Voici venir l'Espérance,
Reprends ta vieille assurance,
Voici venir l'Espérance,
Hier est mort, vive Demain!

P. DÉROULÈDE.

*
* *

Ce n'est qu'avec des épées nues qu'on retient les autres dans le fourreau.

FRÉDÉRIC II.

*
* *

Les plus beaux héroïsmes ne peuvent rien sans des troupes régulières assez nombreuses; la bonne volonté des milices ne suffit pas contre un ennemi exercé, et l'habitant est impuissant à se défendre sans le soldat.

Qui détruit la légende détruit la foi, et qui détruit la foi détruit une force incommensurable où tous les peuples, l'un après l'autre, sont venus chercher la victoire.

Général du Barail.

*
* *

O Français arrachés tout vivants à la France,
Nos armes, nos drapeaux, les voyez-vous là-bas?
Savez-vous vers quel but marche notre espérance,
Et vous souvenez-vous que nous n'oublions pas?

P. Déroulède.

*
* *

Une armée de métier finira toujours par maîtriser les foules confuses et impressionnables au danger, qui paraissent malheureusement et faussement devoir être l'instrument des guerres futures.

Général von der Goltz.

*
* *

Le caractère rend l'âme inaccessible aux émotions enfantées par les péripéties de la guerre et la laisse maîtresse d'elle-même au milieu du tumulte des batailles. Sans lui, il n'y a ni intelligence, ni force, ni victoire.

Général du Barail.

*
* *

Ayons confiance au droit, mais tenons notre poudre sèche et notre épée aiguisée.

Guillaume II.

*
* *

Sois pur pour être fort.

*
* *

Mais ce peuple n'a pas renié son histoire,
Il n'abandonne pas les siens à l'ennemi,
La France tient toujours à son vieux territoire,
Et nous avons l'armée, et nous aurons la gloire,
La gloire qui sauvait la Patrie à Valmy!

P. Déroulède.

*
* *

L'armée est une école d'hommes et de citoyens, en même temps qu'une école de soldats.

Docteur Régis.

Un grand peuple s'honore par la fidélité à ses regrets et par le culte de ses espoirs.

DUFOUCQ.

*
* *

... Pourquoi les Français sont-ils si bons soldats? Pourquoi un gamin de la rue Mouffetard bat-il un cosaque du Don ou un Croate? Ce gamin, n'étant pas convaincu comme le Croate qu'il a une âme immortelle, devrait être bien plus soucieux de ménager l'étui de cette âme.

Prosper MÉRIMÉE.

*
* *

La grandeur des nations se mesure à la résistance de leurs souvenirs.

R. POINCARÉ.

*
* *

L'uniforme militaire est le symbole de notre noble et glorieuse servitude.

Colonel KAULBARS.

*
* *

Les soldats français sont les plus braves que l'on connaisse.

NAPOLÉON Ier.

*
* *

Avant de la philosopher, il faut que la France vive. Or Elle ne peut vivre que si les voisins ne tentent rien contre Elle et, pour qu'ils ne tentent rien, il faut qu'Elle ait une armée forte

*
* *

La religion disparue, c'est d'une part le matérialisme et l'immoralisme absolus; d'autre part, le fétichisme grossier et odieux, peut-être sanglant, qui se partagent le monde.

Em.. FAGUET.

*
* *

La prochaine guerre sera d'une violence destructive inconnue jusqu'à ce jour. Ce sera l'exode de deux peuples et non pas la lutte de deux armées. On déploiera, de part et d'autre, toute la force morale pour une lutte à outrance, toute la somme d'intelligence pour s'anéantir.

Docteur LE BON.

L'amour de l'uniforme est le commencement de la discipline.

*
* *

L'idée de Patrie est immortelle.

G. BERRY.

*
* *

L'armée est la fille chérie de la nation, et quiconque tiendrait de mauvais propos sur le compte de celle qui ne peut se défendre ni par la parole, ni par la plume — et c'est pourquoi l'armée et appelée « la grande muette » — serait aussi coupable, aussi méprisable et aussi lâche que celui qui, par son langage et ses actions, chercherait à ternir l'honneur d'une jeune fille pure.

CANAUGE.

*
* *

L'armée doit être la grande école de la nation où se fait l'éducation de la volonté et du caractère. En continuant l'œuvre de la famille et de l'instituteur, elle doit donner de bons citoyens, de braves et dignes soldats à la France.

*
* *

La volonté forte et durable du chef est le noyau autour duquel se forment et s'identifient les mêmes opinions et la même façon de sentir.

CANAUGE.

*
* *

Un régime militaire ne se soutient que par la victoire.

Général DU BARAIL.

*
* *

Le métier des armes demeure le plus noble de tous parce qu'il est celui qui exige la plus grande somme d'abnégation et de sacrifice, parce qu'il comporte une constante immolation de nous-mêmes à un idéal placé en dehors de nous, supérieur et désintéressé.

Ab. VANDAL.

*
* *

Il n'y a d'actions utiles, et par conséquent productives, que celles inspirées par la pensée et menées par la volonté.

Général DE LA CELLE.

La Patrie est une association sur le même sol des vivants avec les morts et ceux qui naîtront.

J. DE MAISTRE.

*
* *

Gardiens fidèles du patrimoine sacré dont nous avons la garde et dont nous ne voulons avec personne partager la gloire, résolus à garder notre individualité, nous ne voulons pas de la patrie universelle, nous repoussons ce rêve de quelques utopistes dont la réalisation conduirait le pays à sa ruine morale et matérielle.

Général X...

*
* *

On ne manœuvre pas pour manœuvrer, mais pour apprendre à se battre.

Général DU BARAIL.

*
* *

La Patrie! mot idéal et vivant, mot magique évoquant un être fait de tous les êtres; figuration de la terre, du ciel, des mœurs, des croyances, de la langue parlée et écrite, des fiertés nationales, symbole de la famille agrandie, réalisant aux yeux des patriotes l'amour fraternel sans limites et cependant tangible dans chacun pour tous.

Juliette ADAM.

*
* *

L'amour de la paix n'est honorable qu'autant qu'il ne cache pas le désir inavoué de nous dérober à nos devoirs, qu'il ne diminue pas notre fierté et le sentiment que nous devons avoir de notre force.

RIBOT.

*
* *

L'initiative individuelle est un ressort puissant, toujours tendu et dont l'action constante communique à toute la machine militaire le mouvement et la vie.

Colonel KAULBARS.

*
* *

L'antipatriotisme est simplement la volonté obscure de mourir.

Em. FAGUET.

La Patrie n'est pas une personne vague, Elle a un corps, Elle a une âme. Elle est un fragment délimité du sol terrestre, voilà le corps. Elle est une fraction délimitée de l'humanité, voilà l'âme.

LAVISSE.

*
* *

La gloire est de toutes les passions la plus jalouse.

CANAUGE.

*
* *

On ne peut pas vivre sans pain; on ne peut pas vivre non plus sans la patrie.

V. HUGO.

*
* *

Il y a deux manières de porter atteinte à la discipline : les adoucissements inopportuns et mal entendus, et les rigueurs exagérées qui la rendent insupportable et impraticable.

Général DE LA CELLE.

*
* *

Plus la nation sera grande, mieux sera servie dans le monde entier la cause des sentiments humanitaires.

Alf. MÉZIÈRES.

*
* *

La Patrie est née chez nous de Jeanne d'Arc, de sa tendresse, de ses larmes et du sang qu'elle a donné pour nous.

MICHELET.

*
* *

Il faut considérer la paix comme un exercice et la guerre comme une application.

MONTESQUIEU.

*
* *

Le rêve du désarmement est un état d'âme d'hommes qui n'ont jamais mis le pied hors du territoire métropolitain, ou qui n'ont jamais regardé une carte de France.

G. HANOTAUX.

Considère comme le plus grand crime de préférer la vie à l'honneur.

JUVÉNAL.

*
* *

La Patrie plane au-dessus de tous les partis. Elle incarne la reconnaissance envers nos ancêtres et le respect de nos gloires, d'une part; et, de l'autre, Elle nous représente la grandeur nationale et la passion de l'indépendance.

Général PÉDOYA.

*
* *

La Foi, en exaltant l'idée de Patrie et le culte du Drapeau, ne désespère jamais de la victoire.

CANAUGE.

*
* *

Renier la Patrie, c'est se renfermer dans un misérable égoïsme et, sous prétexte d'amour de l'humanité, oublier les hommes qui en sont les éléments vivants.

Fréd. PASSY.

*
* *

Le succès sera aux armées qui posséderont le plus de caractères vigoureusement trempés.

Docteur LE BON.

*
* *

Jusqu'au moment de la constitution des états d'Europe (?) que chaque peuple ait la main sur la garde de son épée; autrement il pourrait disparaître avant le grand jour.

KANT.

*
* *

L'autorité d'un chef est une opinion respectueuse de sa valeur imprimée dans l'esprit du soldat.

MONTECUCULI.

*
* *

Le soldat doit accepter avec bonne volonté, avec entrain et avec bonne humeur les épreuves du service militaire.

*
* *

La Patrie, c'est mon enfant; soit grate, soit ingrate, soit bonne, soit mauvaise, soit laide, soit belle, soit génie, soit médiocre, c'est mon enfant, je l'aime; je travaille, je meurs pour mon enfant.

OSSIAN NILSON.

La Patrie doit toujours être servie, même si Elle se trompe, parce qu'elle périt si on l'abandonne et que sa chute est un plus grand mal que son erreur.

PRÉVOST-PARADOL.

*
* *

Un peuple ne fonde rien, ne conserve rien, s'il n'a pas un ardent amour de la Patrie.

Alf. MÉZIÈRES.

*
* *

Le suicide est une lâcheté dont les rares exceptions sont inscrites en lettres d'or au martyrologe de l'Histoire. Celui qui se donne la mort choisit comme moindre le mal de mourir au mal de vivre. C'est une violation au serment fait à la Patrie de vivre ou de mourir pour elle.

CANAUGE.

*
* *

Et moi, tout le long du jour,
Je rêve revanche.
Et moi, tout le long du jour,
Je bats du tambour.

P. DÉROULÈDE.

*
* *

Le Drapeau français ne saurait être le Drapeau d'aucun parti, si ce n'est celui des Français. Il est l'emblème de ce qui demeure après les bouleversements sociaux et seul Il est souverainement capable de rallier toutes les énergies, tous les dévouements.

Général CANONGE.

*
* *

Je souhaite à mon pays une belle et noble guerre où puissent refleurir les vertus des aïeux, le dédain de la mort, l'esprit de sacrifice et le mépris de l'argent.

Commandant DRIANT.

*
* *

C'en serait fait de la France si le Drapeau pouvait être outragé, si l'idée supérieure de la Patrie, du dévouement et du sacrifice — qu'aux heures du péril chacun doit être prêt à lui consentir — pouvaient être reniés et condamnés par ceux-là même qui sont chargés de préparer la France de demain.

G. LEYGUES.

Ah! clairon, réveille, réveille,
Ah! clairon, réveille-nous donc.
Sonne, sonne, qu'à ta fanfare
La grande France qui s'égare
Reprenne enfin son ancien ton.
Ouvrons le cœur, tendons l'oreille
Et que la langue de Corneille
Nous souffle l'âme de Caton.
Va! clairon, réveille, réveille,
Va! clairon, réveille-nous donc.

P. DÉROULÈDE.

*
* *

Le sentiment de la Patrie est le seul qui chasse du cœur humain toute pensée d'égoïsme et de haine.

*
* *

Ce n'est pas tout que de savoir se faire tuer, il faut savoir ne pas se faire battre; ce n'est pas tout que de savoir mourir, il faut savoir vaincre, et cette science-là, il n'est pas encore meilleure école pour l'apprendre que la caserne et l'armée.

P. DÉROULÈDE.

*
* *

Tout étranger qui est l'ennemi, tout étranger qui est le conquérant, tout étranger qui veut être le maître, il faut tout faire pour le bouter hors de France.

JEANNE D'ARC.

*
* *

Il veut bien mourir, quoiqu'aimant la vie
Le petit troupier qui n'a que sa peau.
La gloire pourtant lui fait peu d'envie,
Au plus s'il connaît l'honneur du Drapeau;
Mais pourvu qu'il ait la ferme assurance
Que c'est son pays qu'il va secourir.
Qu'il se fait tuer pour sauver la France,
Il veut bien mourir!...

P. DÉROULÈDE.

*
* *

Poussé au sublime, le Courage c'est le panache, l'esprit de la bravoure, la pudeur de l'héroïsme, comme un sourire par lequel on s'excuse d'être sublime.

Edm. ROSTAND.

La discipline, cette « première vertu du soldat », ne s'établit et ne se maintient que par un travail militaire continuel et le sentiment de ce que l'on doit à la Patrie.

*
* *

L'événement le plus imprévu pouvant rompre la paix, continuons à préparer la guerre avec la même foi que si elle devait éclater demain.

*
* *

..... Quittez la couche oisive
Où vous ensevelit une molle langueur :
Sobres, chastes et purs, l'œil et l'âme attentive,
Veillez, je suis tout proche et frappe à votre cœur.

J. Racine.

*
* *

La tragique histoire des nations conquises qui, encore aujourd'hui, luttent au prix de mille souffrances pour le maintien de leur langue, démontre la vérité de la Patrie.

X...

*
* *

L'armée seule cultive ce qu'il y a de plus généreux dans l'homme, le mépris de l'intérêt privé, le mépris des injures et le mépris de la mort.

P. Acker.

*
* *

Si tu refuses de marcher au combat, Dieu te punira et mettra à ta place un autre peuple.

(Chant arabe.)

*
* *

L'amour de la Gloire, impulsion souveraine, sorte de griserie lucide, d'amour du panache, qui pousse aux actes héroïques, est faite de courage, d'espérance et de respect de soi-même.

Canauge.

*
* *

J'aime mon clocher plus que ton clocher! J'aime mon pays plus que ton pays.

E. Gras.

A plein souffle et la bouche ouverte au vent natal,
Respire autour de toi l'amour de la patrie.

Henri DE RÉGNIER.

*
* *

L'intempérance et l'alcoolisme, en affaiblissant l'intelligence et en énervant la volonté, tendent à détruire la santé et à diminuer ainsi les forces vives dont peut avoir besoin un jour le pays.

Soyons tempérant, sans être des ascètes, car le mépris de l'enveloppe conduirait aux mêmes résultats que l'intempérance. Gardons pour la Patrie une âme saine dans un corps sain.

*
* *

La mort ne frappe que les lâches; regardez-moi, elle ne m'atteint pas.

Maréchal NEY, à Waterloo.

*
* *

Le Courage est un instinct combattif qui acquiert toute sa valeur quand il est aidé par les sentiments de l'honneur et du devoir, de l'estime des autres et de soi-même et par la fermeté.

CANAUGE.

*
* *

L'Armée et la Nation se confondent aujourd'hui. Faire faillite aux engagements d'honneur, à la stricte abnégation qu'exige le devoir du soldat, c'est se trahir soi-même, et c'est trahir le pays.

L'Armée aujourd'hui, c'est la Patrie debout!

P. et V. MARGUERITTE.

*
* *

La santé physique et morale d'un peuple a sa source dans ses capacités guerrières.

Général VON BERNHARDI.

*
* *

Une discipline bien comprise doit tremper la puissance d'action du soldat et ne pas l'affaiblir.

Il faut que l'homme se sente responsable, non seulement de ce qu'il fait, mais de ce qu'il ne fait pas; les fautes d'omissions sont les plus graves qu'un soldat puisse commettre.

Général WITZLEBEN.

... On bat maman, j'arrive!...

Regnault, tué à Buzenval.

*
* *

L'amour de la Patrie est la première vertu de l'homme civilisé.

Napoléon Ier.

*
* *

... Mais l'endurance, la cohésion, la patience, l'abnégation qui fait se passer de pain, de feu, d'habits, qui fait coucher à la dure, recevoir la pluie à torrents, marcher dans la neige! Mais le sacrifice quotidien, heure par heure et minute par minute! Mais savoir commander et savoir obéir!

Cela, on ne l'obtient que par un long enseignement et une discipline constante du cœur et des muscles.

P. et V. Margueritte.

*
* *

L'Armée est une pyramide hiérarchisée et terminée par un chef absolu relié aux élites et aux foules qui forment la base de la pyramide par l'obéissance absolue, la soumission et le respect.

Général du Barail.

*
* *

La confiance doit venir au soldat d'un idéal : la Foi divine qui, qu'elle soit religieuse, militaire ou patriotique, conduit toujours à l'accomplissement du devoir.

Général Bailloud.

*
* *

Donnez-moi des soldats décidés à se faire casser la tête et je vous ferai de la bonne tactique.

Général Dragomirow.

*
* *

A la guerre, la supériorité du nombre permet d'opposer à l'adversaire une force égale à la sienne et de le retenir, tandis que le surplus des forces peut, sans qu'il soit possible de l'en empêcher, chercher à l'anéantir par d'autres opérations.

Général Von der Goltz.

L'idée de patrie a été longtemps personnifiée chez nous par un souverain, roi ou empereur. Elle est purement idéale aujourd'hui et représentée par le Drapeau.

C'est pour elle que nous devons, sans cesse, perfectionner la discipline de nos âmes et de nos cœurs. Cette discipline est battue en brèche par les retardataires des siècles passés, ceux dont le cerveau n'a pas encore assez évolué pour accepter l'idée directrice de la Patrie.

Lieutenant VAILLANT.

*
* *

La volonté de vaincre est la synthèse du devoir militaire.

Lieutenant MERCERON.

*
* *

Les peuples chez qui le sentiment de la Patrie s'efface sont destinés à servir de proie aux peuples chez qui ce sentiment est très fort.

DAVID LESUEUR.

*
* *

C'est pour esquiver les devoirs et les charges du citoyen que les tartufes de l'humanitarisme font appel à un principe supérieur et vague qu'ils opposent arbitrairement à la notion vivante de la Patrie.

J. BOIS.

*
* *

La peur est folle
Et sur le chemin qu'elle a pris,
Voulant fuir la mort à tout prix,
C'est la mort même qui l'arrête.
La peur est bête.

P. DÉROULÈDE.

*
* *

Lorsqu'un peuple fournit des gens qui savent mourir, c'est qu'il n'est pas près de la mort. C'est par le martyrologe de ces glorieux ou de ces anonymes que se perpétue la tradition sacrée dans une nation où il y a encore, comme au temps du général Foy, de l'écho lorsqu'on prononce les mots d'honneur et de patrie.

J. CLARETIE.

*
* *

Les qualités de caractère ne se donnent que par le contact d'homme à homme, d'âme à âme.

Em. FAGUET.

La discipline est la première vertu du soldat.

NAPOLÉON Ier.

*
* *

L'Armée reste pour la Nation le réservoir jamais épuisé des énergies que réclament sa sécurité et sa grandeur.

C'est dans son creuset qu'achèvent de s'élaborer les qualités de la race.

*
* *

Le Drapeau, c'est l'emblème de notre unité nationale, le symbole sacré de nos regrets et de nos espérances.

Dans la splendeur de ses trois couleurs, le Drapeau symbolise les gloires passées et futures.

Cet emblème de bonheur pour lequel tant de braves gens ont sacrifié leur vie, cet Être presque vivant que le soldat doit entourer d'une sorte de tendresse filiale, porte dans ses plis toutes les palpitations des cœurs qui battent pour lui, toutes les fièvres d'enthousiasme qu'il excite, les larmes qu'il a coûtées aux mères.

Général DU BARAIL.

*
* *

Il y a souvent à obéir plus de noblesse qu'à commander et celui qui n'obéit pas, ou obéit mal, n'a jamais su ce qu'était obéir.

*
* *

Oui bien heureux qui sert la France,
Bien heureux ceux qui vont courir
Aux dangers comme à la souffrance.
C'est une fière préférence
Que d'être choisi pour mourir.

P. DÉROULÈDE.

*
* *

Les théories internationalistes qui remplacent l'amour de la Patrie par l'âpre poursuite combative de la jouissance, de la satisfaction des appétits qui engendrent la haine des créateurs d'énergie nationale, ne peuvent aboutir qu'à l'infériorité générale, au travail de plus en plus réduit, à la barbarie, à la béatitude du ventre plein.

Juliette ADAM.

*
* *

Les destinées d'une nation ne sont que la conséquence logique, inflexible de ce qu'elle vaut, de ce qu'elle a longuement préparé par ses actes, ses défaillances ou son énergie.

VIOLLET-LE-DUC.

Il faut que dans toutes les manœuvres, que pendant les tirs, chacun croie que « c'est arrivé » et que, lorsque la fusillade se fait entendre, que le canon tonne, chacun, dans sa sphère, agisse comme s'il y avait des balles et des obus à recevoir.

CANAUGE.

*
* *

Rappelle-toi, ô citoyen, pendant le cours de ton honorable mission, que ta conduite doit être celle d'un patriote éclairé, d'un homme vertueux, d'un républicain et d'un Français.

Général HOCHE.

*
* *

Nos enfants auront l'orgueil d'être Français, parce que c'est la France qui a libéré le monde, parce que la France est le phare lumineux vers lequel se tournent tous les opprimés, parce que le nom de leur patrie — malgré les mauvais enfants qui ont voulu la dénaturer — est pour tous les peuples synonyme de droit, de justice et de liberté.

Alex. BÉRARD.

*
* *

Le soldat aime à bien servir, mais il veut être commandé et encouragé.

Général HOCHE.

*
* *

On n'emporte pas la Patrie à la semelle de ses souliers.

DANTON.

*
* *

Etre un héros n'est pas si difficile, il ne tient qu'à toi de le devenir, il n'y faut qu'une chose, bien aimer la Patrie.

Général HOCHE.

*
* *

La Patrie, c'est la commune mère, l'unité dans laquelle se pénètrent et se confondent les individus isolés; c'est le nom sacré qui exprime la fusion volontaire de tous les intérêts en un seul intérêt, de toutes les vies en une seule vie perpétuellement durable.

G. BERRY.

*
* *

La Patrie, c'est l'ensemble d'hommes ayant un patrimoine commun et solidaire les uns des autres dans la conservation et la défense de ce patrimoine.

Em. BOUTROUX.

Il y aura toujours des « braves gens » qui se feront tuer pour prouver l'énergie de cette race française dont on voudrait (on sait qui est cet *on*) proclamer bien haut la dégénérescence.

Pour protéger contre la calomnie, ce sont nos morts, pauvres et héroïques, qui se dressent du fond de l'Afrique, des confins du Maroc, des régions d'Asie. Ils sont nombreux ces amoureux du danger qui ont payé de leur vie leur dévouement à une idée, le besoin de soutenir le renom et d'agrandir le domaine de la France. Les véritables professeurs d'énergie, docteurs en dévouement, meurent loin de la Patrie et pour la Patrie.

J. Claretie.

*
* *

Le service militaire universel, qui est le legs de la défaite, doit être l'instrument de notre régénération et il faut en attendre des bénéfices considérables : fusion des dissidences, restauration de l'esprit de sacrifice, rétablissement de la discipline dans tout le pays, réveil de toutes les vertus démocratiques qui repoussent toujours à l'ombre du Drapeau.

Général Girardel.

*
* *

La France n'est pas seulement la « Patrie », elle est la « surpatrie »! Elle n'est pas seulement une configuration géographique, elle est un symbole vivant de beauté et d'idéal en progrès, sur lequel sont fixés les yeux et les pensées du monde, car son influence rayonne au delà des frontières...

Il y a dans le monde, une France du dehors qui compte sur la France autochtone et qui doit compter pour celle-ci. Un bon, un vrai Français ne se contente pas d'être patriote, tout simplement. Il doit l'être avec assez d'ardeur pour devenir « surpatriote », afin qu'autour de notre Drapeau, de notre gloire personnelle, dont nous devons être de plus en plus jaloux, s'élèvent les espérances, les améliorations et les admirations de la terre.

J. Bois.

*
* *

Nous ne voulons pas que le patrimoine de plus de quatre siècles disparaisse dans une tourmente dont nous serions complices et victimes. Ayons toujours présent à la pensée ce mot magique de « Patrie » qui exerce son prestige sur toute âme française et qui fait battre nos cœurs si chevaleresques. Enseignons et exaltons le culte de la France; on ne peut concevoir un sentiment plus noble, un idéal plus pur.

Général Pédoya.

Allez, marchez! L'âme française
Vibre encor, ne vous en déplaise,
Fait et fera des hommes forts,
Si nombreux, de si bonne marque
Qu'un jour il faudra dix Plutarque
Pour chanter nos illustres morts.

Th. Botrel.

*
* *

Le sentiment religieux, nécessaire aux troupes victorieuses qui vont de l'avant, est indispensable à celles qui battent en retraite et qui, sans lui, résisteraient difficilement aux influences démoralisatrices.

Général Canonge.

*
* *

L'armée, c'est la nation elle-même, car on ne peut plus actuellement concevoir l'une sans l'autre, ni surtout opposer l'une à l'autre. Et la nation, c'est la Patrie, c'est-à-dire la conception la plus haute, la plus pure, la plus noble pour un Français digne de ce nom.

Général Girardel.

*
* *

L'idée de Patrie s'absorbant dans l'idée d'humanité! fumisterie supérieure. Humanitariste équivaut à lâche quatre-vingt-dix-neuf fois sur cent et gobeur la centième.

De Chambrun.

*
* *

L'idée de Patrie n'a jamais cessé d'évoluer dans le sens de l'extension de la plus grande patrie absorbant les petites patries limitrophes.

Général Bonnal.

*
* *

Ce qu'il faut savoir, c'est que, pour payer sa dette à l'humanité, il faut d'abord payer sa dette à la Patrie; c'est que la grandeur de la France est la condition première du progrès humain; c'est que celui qui travaille contre elle travaille contre l'avenir, et qu'enfin, ces deux termes, patrie et humanité, loin de s'opposer l'un à l'autre par une antinomie meurtrière, se concilient au contraire dans une harmonie supérieure.

P. Deschanel.

La guerre ne pourra pas être supprimée tant qu'il restera sur la terre deux hommes, du pain, de l'argent et une femme entre eux.

DE VOGÜÉ.

*
* *

La Patrie est constituée par le groupement, dans un territoire plus ou moins étendu, d'êtres pensants ayant les mêmes souvenirs, le même patriotisme moral, les mêmes intérêts.

Le sentiment de la Patrie est analogue au sentiment filial et familial très développé et très élargi.

P. GUIEYSSE.

*
* *

Le respect du drapeau implique naturellement le respect de l'armée chargée de le protéger. C'est grâce à elle que la nation n'est pas un être invertébré et se tient debout. Les peuples civilisés qui ont oublié d'être militaires ont péri et, en périssant, ont fait reculer la civilisation.

Docteur LE BON.

*
* *

Maudite soit la philosophie mensongère dont se couvrent les attentats contre la Patrie.

R. POINCARÉ.

*
* *

La Patrie, pour le paysan, c'est la terre; pour l'ouvrier des villes, c'est la race; pour le soldat, c'est le drapeau; pour l'âge mûr, c'est tous les souvenirs de la vie; pour la jeunesse, toute l'espérance.

Ch. HUMBERT.

*
* *

Rien de grand en ce monde ne se fait qui ne s'inspire du culte de la Patrie.

Docteur HUCHARD.

*
* *

Une troupe est d'autant plus forte que son moral est plus trempé et sa puissance se mesure moins au nombre des combattants qu'à leur force morale, à leur discipline, à leur confiance en leurs chefs, et à l'échange journalier des dévouements mutuels.

Général DU BARAIL.

Bien parler au soldat est un acte auquel il est utile de recourir pour alléger les difficultés du devoir et le lui rendre agréable.

NAPOLÉON Ier.

*
* *

L'idée de Patrie est plus forte que l'épée, elle est la force immanente. La Patrie est « une et indivisible » et je ne sais pas même ce que nous gagnerions à une patrie étendue à l'humanité tout entière puisque, dit Renan, « la liberté serait perdue si le « monde n'avait qu'une loi et qu'un maître ».

Docteur H. HUCHARD.

*
* *

La passion de l'honneur patriotique est la seule qui jamais ne vieillisse.

PÉRICLÈS.

*
* *

La Patrie, c'est l'image agrandie du foyer domestique.

G. DURUY.

*
* *

Nos père et mère, nos enfants, nos parents, nos amis nous sont chers, mais tous ces amours viennent se confondre et se réunir dans l'amour de la Patrie.

CICÉRON.

*
* *

Le seul mot de Patrie suffit pour faire un héros d'un homme timide.

(La Patrie grecque.)

*
* *

La Patrie! c'est des victoires glorieuses, des défaites héroïques, de beaux exemples de sacrifices et de vertus... C'est des cathédrales, des palais, des tombeaux... C'est des paysages que l'on a vus tout enfant et d'autres qui, plus tard, ont encadré des heures de joie ou de tristesse... C'est des choses intimes, des souvenirs, des traditions, des coutumes... C'est un langage qui vous paraît le plus doux, c'est une vieille chanson, un vieux proverbe plein de bon sens... C'est une rose qui s'appelle la France, c'est une assiette peinte... Que sais-je? Mais oui, la Patrie, c'est tout ça... et bien d'autres choses encore.

M. DONNAY.

Corrigeons les ivrognes, surtout lorsque l'ivresse les fait manquer à leurs devoirs. Il est un moyen d'y parvenir, c'est de donner à nos enfants une éducation nerveuse et dont les principes feraient détester l'ivrognerie, les jeux de hasard, la lâcheté et les autres misères de la vie humaine.

Hélas! s'il est dans la nature de l'homme d'être bon et vertueux, il faut avouer que nos institutions, dites sociales et que je regarde comme destructives, l'ont fait bien dégénérer.

Général HOCHE.

*
* *

Tout général en chef qui se charge d'exécuter un plan qu'il trouve mauvais est coupable. Il doit représenter ses motifs, insister pour que le plan soit changé, enfin donner sa démission plutôt que d'être l'instrument de la ruine de son armée.

NAPOLÉON Ier.

*
* *

Une nation qui craint la guerre se décompose sur place; elle est vouée à la chute et à l'esclavage.

ROOSEVELT.

*
* *

L'armée est le prolongement, la continuation de l'école et de la famille. Véritable école du devoir, elle est le creuset où se forgent les caractères qui sont l'agent efficace du perfectionnement et du relèvement de la race.

*
* *

N'ayant qu'un but, servir son pays, qu'une idée fixe, s'y préparer!... Soldat toujours debout, merveilleux d'entraînement physique et moral, se regardant comme campé en ce monde, sans cesse prêt à boucler sa tente et à dégainer sa bonne épée pour courir sus à l'ennemi. Aimant et craignant Dieu, loyal en faicts et dicts, toujours le visage droit aux ennemis, doux et courtois à ses amis, serviable à toutes gens, charitable aux pauvres nécessiteux, se maintenant sobre en toutes choses, le lieutenant Burtin (1) pouvait, comme Bayard, se dire sans peur et sans reproche.

Commandant DE FONCLARE.

---

(1) Tué dans la guerre russo-japonaise.

La vieille race française est la plus jeune du monde; Paris est la capitale, éternellement jeune, de tous ceux qui tiennent à leur jeunesse ou la regrettent, c'est-à-dire du monde entier.

Lieutenant VAILLANT.

*
* *

... Je veux essayer de me conserver libre de tout lien pour la fameuse guerre que j'attends toujours et pour laquelle j'aiguise mon grand sabre, je graisse mes gros souliers, je me fais des pattes en acier et tout un tempérament d'enfer!

Lieutenant BURTIN.

*
* *

La vraie mesure de la force des âmes est, pour moi, dans la durée d'une juste douleur.

GUIZOT.

*
* *

... Dès l'école primaire, dans l'étude de l'histoire, qu'on s'efforce donc d'inspirer aux enfants le respect des exploits militaires, et dans la chaire des établissements d'instruction supérieure, que la jeunesse entende prêcher, au lieu des utopies cosmopolites, un sain égoïsme national.

Général MARTYNOW.

*
* *

... C'est que je suis de Metz; j'ai des haines de paysan à qui on a pris sa terre, son verger, qui ne veut rien d'autre à la place, qui ne désire qu'une volupté, reprendre son bien!...

Lieutenant BURTIN.

*
* *

Chez les nations en décadence, les hommes d'intelligence ne manquent pas, ce sont les hommes de caractère qui disparaissent.

P. DOUMER.

*
* *

La situation actuelle de la France dans le monde lui fait un devoir inéluctable de rester forte pour assurer son intégrité et le respect de l'idée qu'elle représente.

*
* *

Le mépris de la guerre entraînera une perte générale.

PIERRE LE GRAND.

... Nos conscrits ont un vif sentiment de leur « personnalité », cette personnalité que les Allemands ont cru nous prendre en nous prenant le mot.

Lieutenant VAILLANT.

*
* *

La meilleure façon d'abolir le passé est d'édifier un meilleur avenir.

P. et V. MARGUERITTE.

*
* *

La défensive dépourvue de tout élément actif est condamnée d'avance à l'insuccès.

Général MARTYNOW.

*
* *

La Gloire est une déesse à laquelle il faut sacrifier pour qu'elle vous soit favorable.

Commandant DE FONCLARE.

*
* *

Oui, je suis prêt; oui, je le suis encore!... Moi, qui toute ma vie ai rêvé de combats, qui par tous les entraînements me suis fabriqué un corps de fer, et, par la pratique de toutes les vertus, une âme de héros.

Oui, je suis prêt, moi qui sais avoir froid et chaud, faim et soif, moi que n'atteint aucune fatigue, que ne fait pâlir aucun danger, que n'effraie aucune mort, et que la guerre attire comme l'aimant attire le fer! Oui, je suis prêt, cent fois prêt.

Lieutenant BURTIN.

*
* *

Le peuple japonais, depuis l'école primaire jusqu'à l'université, est élevé dans un esprit soigneusement patriotique. On lui inculque systématiquement un sain égoïsme national et le respect des devoirs militaires.

L'armée, en sa qualité d'incarnation la plus vive de l'idée nationale, jouit au Japon d'une extraordinaire popularité. L'appel du jeune conscrit au service est célébré dans sa famille comme une fête. Les distinctions obtenues à la guerre sont considérées comme la meilleure des recommandations, même dans la vie civile. On élève des temples et, deux fois par an, toute la nation prend le deuil en mémoire de ceux qui sont tombés sur le champ de bataille. On décerne des honneurs spéciaux aux familles des militaires tués, même de nombreuses années après le triste événement.

Général MARTYNOW.

Il n'est pas vrai que le temps console, il efface, et c'est une honte de se consoler de la sorte.

GUIZOT.

*
* *

Les morts vont vite, dit-on, cela est inexact : n'oublient que les vivants au cœur étroit et égoïste.

L'histoire de l'Irlande, de la Pologne, du Transvaal, de l'Arménie nous décrit le sort des nations qui tombent sous la loi de maîtres étrangers; Polonais bâtonnés par les Allemands, bâtonnés aussi par les Russes et, de plus, expédiés en Sibérie dès qu'ils protestent contre le régime de fer qu'ils subissent; Arméniens et Bulgares périodiquement massacrés en bloc quand ils ne se résignent pas à voir leurs vieillards et leurs enfants écorchés vifs ou sciés entre deux planches, pour distraire les loisirs des pachas fanatiques; Irlandais et Boers asservis au joug des Anglais..., etc., nous montrent le sort des peuples qui n'ont plus de patrie. En la perdant, ils ont tout perdu, même le droit d'avoir une histoire.

N'écoutons pas les discours des philosophes à courte vue, parlant de désarmement et de paix universelle; leur humanitarisme vague finirait par saper notre patriotisme et nous laisserait désarmés en face d'adversaires qui ne désarment jamais.

Docteur LE BON.

*
* *

Je suis un chauvin, si c'est être chauvin que de garder au cœur la plaie saignante des douleurs de la patrie, et je regrette par-dessus tout de voir les jeunes générations s'en détourner.

C. PELLETAN.

*
* *

On ignore trop qu'à la guerre la démoralisation commence invariablement sur les derrières de l'armée; que le cri fatal de « sauve-qui-peut » n'est jamais poussé que par les soldats éloignés du feu, qui sont cependant plus impressionnés par le danger que ceux qui le regardent en face.

CANAUGE.

*
* *

Là où il y a une volonté, il y a un chemin.

Lieutenant BURTIN.

*
* *

Ce n'est pas au moment où nous voyons autour de nous les peuples exalter le patriotisme national qu'il faut chercher à abaisser chez nous ce noble sentiment.

Tandis qu'en Allemagne l'instruction n'a qu'une ambition : « enseigner que le but de l'Eternel, en créant le monde, a été de préparer la domination de la Prusse sur l'univers », nous choisirions le moment où partout on sanctifie, on fanatise le culte de la patrie, comme autrefois celui de l'autel, pour prêcher en France la suppression des frontières!...

X.

*
* *

... Une société ne peut durer qu'à la condition de posséder des sentiments communs et surtout un idéal commun, capables de créer des règles morales admises par tous ses membres.

Ce qui fait la véritable force de l'Angleterre, ce n'est pas seulement la valeur de l'éducation qu'elle donne à ses fils, ce n'est pas sa richesse, ce ne sont pas ses flottes innombrables, c'est avant tout et au-dessus de tout la puissance considérable de son idée morale.

Elle a des traditions stables et respectées, des chefs obéis et dont l'autorité n'est jamais contestée. Elle possède un Dieu national, synthèse des aspirations, de l'énergie et des besoins de la race qui l'a créé. L'antique Jéhovah de la Bible est devenu, depuis longtemps, un dieu exclusivement anglais, gouvernant le monde au profit de l'Angleterre.

Docteur Le Bon.

*
* *

Depuis 1870, l'esprit français a fait ce progrès de devenir plus grave, plus positif et plus éclairé; il s'est fortifié dans cette pensée que la France pouvait être à l'Europe, toujours inquiète, un objet d'admiration, de haine, de pitié ou de terreur, mais jamais d'indifférence.

De Tocqueville.

*
* *

Conserver ses formations sous le feu le plus effroyable, rester inaccessible à toute crainte imaginaire; dans le plus grand danger, disputer pied à pied le terrain sur lequel elle combat; calme et fière dans la victoire, obéissante, disciplinée, respectueuse pour ses chefs et leur conservant sa confiance dans les désastres mêmes de la défaite; se soumettre sans murmure aux plus durs efforts ainsi qu'aux plus terribles privations, y exercer ses forces comme un athlète ses muscles et n'y voir qu'un moyen d'arriver au triomphe; être prête enfin à tous les sacrifices pour l'honneur des armes et celui du Drapeau : voilà ce qui distingue une armée profondément pénétrée de la vertu guerrière.

Clausewitz.

C'est notre devoir à tous de faire prévaloir dans le pays la notion de cette noble servitude militaire, sans laquelle il ne saurait y avoir ni liberté du pays, ni lumière de la France rayonnante.

Camille PELLETAN.

*
* *

« Si votre bras droit est enlevé, disait un officier japonais à ses soldats, servez-vous du gauche, et si celui-ci est coupé, vos dents restent, avec lesquelles vous pourrez encore vous accrocher à l'ennemi. »

*
* *

Cherchez la France partout, suivez en tout lieu sa trace lumineuse, découvrez les exemples qu'elle a donnés généreusement à tous les peuples, réveillez les héros endormis, relevez en toute rencontre cette nation de toutes les calomnies qui veulent l'amoindrir ou de l'excessive humilité qui la rabaisse à ses propres yeux, défendez-la, aimez-la...

X...

*
* *

Les qualités belliqueuses du soldat français sont plus agressives que résistantes parfois, et il manque souvent de fermeté et de persévérancee. Il a gardé des Gaulois la fougue et l'impétuosité redoutables, mais il se décourage facilement lorsque la victoire ne couronne pas ses efforts.

« Les Français, disait Napoléon Ier, sont les plus braves qu'on connaisse; dans quelque position qu'on les essaye, ils se battent, mais ils ne savent pas se retirer devant un ennemi victorieux...»

CANAUGE.

*
* *

Si le soldat voit que son chef s'inquiète de toujours le bien nourrir et le bien habiller, il le paie en retour par un ardent dévouement; si, de plus, le chef se montre hardi dans la bataille et conduit bien sa troupe, le dévouement des soldats se transforme en une foi aveugle et fanatique.

Général MARTYNOW.

*
* *

C'est la grande douleur de ce temps, qu'il soit aujourd'hui nécessaire à des Français de parler de la France pour la patrie.

G. CLEMENCEAU.

Pendant la guerre, pour obtenir le succès, il faut une censure extrêmement rigoureuse des correspondances télégraphiques et postales. Avec le dernier coup de fusil, la publicité rentre de nouveau dans tous ses droits et la presse doit avoir pleine liberté de critiquer tout et tous.

Général MARTYNOW.

***

La gloire est le soleil des morts.

BALZAC.

***

Roides et trop sanglés sous leurs casques à pointe,
Les soldats allemands marchent au défilé.
La fanfare guerrière, aux cris de « hourra! » jointe,
Eclate dans les airs, et la terre a tremblé.
Le Kaiser, entouré des vasseaux d'Allemagne,
Voyant autour de lui quatre fils à cheval,
Sourit en méditant la prochaine campagne,
Enivré par l'éclat d'un décor théâtral.
Il sourit en voyant s'avancer en bataille
Les fantassins serrés, les cavaliers fougueux,
Les canons peints en bleu, la voiture à mitraille.
....

A. CHEVIGNIER.

***

S'il est possible parfois de donner à l'homme un bouton et d'exiger sa vie en échange (Napoléon Ier), les décorations n'ont cette importance que si elles apportent en même temps le droit au respect indiscutable de la société, et, dans ce but, il ne faut les donner que rarement et avec justice.

Général MARTYNOW.

***

Le secret des opérations militaires a une importance si décisive qu'il ne peut être question d'admettre à l'armée des attachés militaires, des journalistes étrangers et même des correspondants de ses propres journaux. La presse ne doit être autorisée à publier que les comptes rendus officiels.

NAUDOT, du *Journal*.

***

C'est la préparation qui fait la guerre, remporte les succès, ou exploite les conséquences. L'entrain du cavalier, l'habileté de l'artilleur, l'endurance du fantassin, la science des états-majors et la liaison de tous pour le triomphe de la volonté nette et formelle du chef sont des théorèmes à résoudre dès le temps de paix, dont la victoire découle en temps de guerre, avec la rigueur mathématique d'un corollaire.

La préparation se réclame d'ailleurs moins encore de la question matérielle et théorique que du domaine intellectuel et moral, moins du cercle restreint de l'armée que du pays tout entier.

Commandant DE FONCLARE.

*
* *

... Faites appel à la nation hésitante, remuez-la, passionnez-la. Elle vous saura gré d'avoir su dissiper ses doutes, écarter ses inquiétudes, raviver ses vieilles énergies.

Les races sont grandes et fécondes en raison de la grandeur et de l'avenir des tâches qui leur sont assignées...

Il s'agit de répandre au delà des mers, sur des terres bien barbares, les principes d'une civilisation dont l'une des plus vieilles nations du globe a bien le droit de se glorifier. Il s'agit de créer auprès de nous et loin de nous autant de Frances nouvelles. Il s'agit de sauvegarder notre langue, nos mœurs, notre idéal, le renom français et latin parmi l'impétueuse concurrence des autres races, toutes en marche sur les mêmes chemins...

G. HANOTAUX.

*
* *

Pour commander, il faut avoir la foi et savoir la communiquer. La foi pénètre peu à peu dans la masse, qu'elle gagne par contagion, et cette foi du supérieur partagée par l'inférieur produit, comme conséquences, l'obéissance et le dévouement à la volonté du chef.

CANAUGE.

*
* *

La crainte des responsabilités est le propre d'une âme timorée, peut-être faite pour obéir, mais non pour commander.

*
* *

Dans l'armée, quand des appelés commettent une faute contre la discipline, ils pèchent contre le droit civique, dont le devoir militaire n'est pour eux qu'une des formes. Quant aux engagés et surtout aux rengagés, en commettant les mêmes fautes, ils font banqueroute à eux-mêmes, puisqu'ils se soustraient à des obligations délibérément souscrites, à un devoir contracté de plein gré. Ils manquent à l'honneur militaire, légué intact par leurs anciens et qui les lie à la mère-patrie.

X...

***

L'hypothèse du désarmement pour la France est un non-sens.

Dans l'Europe monarchique, qui hait ouvertement notre passé et notre politique qui ébranle ses trônes, nous sommes toujours tenus en suspicion.

Le seul fait qu'une démocratie s'est constituée et fonctionne régulièrement est pour elle une véritable agression morale.

La France est donc la nation de l'Europe qui a le plus grand intérêt à rester longtemps encore la mieux armée et à ne désarmer que la dernière, quand les peuples renonceront aux desseins qui les avaient obligés à se rendre redoutables.

CANAUGE.

***

Quand les armes sont florissantes, les arts, le commerce et tout l'Etat fleurissent sous leur ombre; mais, dès qu'elles viennent à languir, il n'y a plus ni sûreté, ni force, ni gloire, ni valeur, et l'on ne peut pas se flatter qu'en demeurant dans ce repos on puisse jouir d'une vie commode et tranquille, car on ne laisse pas d'être inquiété, quoiqu'on n'inquiète personne.

MONTECUCULI.

***

L'amour du drapeau doit pousser tous les militaires à s'associer mutuellement aux joies et aux tristesses de l'armée, par conséquent de la France qu'elle symbolise.

Ce véritable esprit de famille est rehaussé encore par le souci constant de tous les membres d'accroître l'héritage d'honneur et de gloire légué par les aïeux.

CANAUGE.

***

L'armée est un bon livre à ouvrir pour connaître l'humanité. On apprend à mettre la main à tout, aux choses les plus basses comme aux plus élevées. Les plus délicats et les plus riches sont forcés de voir vivre de près la pauvreté et de vivre avec elle, de lui mesurer son gros pain et lui peser sa viande.

Sans l'armée, tel fils de grand seigneur ne soupçonnerait pas comment un soldat vit et grandit, engraisse toute l'année avec neuf sous par jour et une cruche d'eau fraîche, portant sur le dos un sac dont le contenant et le contenu coûtent 40 francs à la patrie...

A. DE VIGNY.

*
* *

Terre du dévouement, de l'honneur, de la foi,
Il ne faut donc jamais désespérer de toi,
Puisque, malgré les jours de deuil et de misère,
Tu trouves un héros dès qu'il est nécessaire.

DE BORNIER.

*
* *

L'armée n'est pas isolée de la nation, elle se confond étroitement avec elle. Le soldat est un citoyen chargé d'une fonction spéciale, la plus grande, la plus noble qui soit, la défense de la nation.

*
* *

J'en sais qui croient que la haine s'apaise.
Mais non! L'oubli n'entre pas dans nos cœurs!
Trop de sol manque à la terre française!
Les conquérants ont été trop vainqueurs!
L'honneur, le rang, on a tout à reprendre...

P. DÉROULÈDE.

*
* *

J'ai vibré de quitter la France, ... la Lorraine qui est le meilleur pays de France.

Lieutenant BURTIN.

*
* *

... Une activité plus féconde, des lois plus douces, un lien commun d'union et de fraternité, tels sont les bienfaits que la France est en droit d'attendre de la pratique de la liberté.

Ces leçons nous ont été transmises par nos aînés des grandes civilisations méditerranéennes, avec le culte ardent et exclusif de la cité, de la patrie.

G. HANOTAUX.

*
* *

France, veux-tu mon sang? Il est à toi, ma France!
S'il te faut ma souffrance,
Souffrir sera ma loi,
S'il te faut ma mort, mort à moi,
Et vive toi,
Ma France!

P. DÉROULÈDE.

Il est doux et beau de mourir pour la patrie.

HORACE.

*
* *

... Un moment souffler, avant de reprendre le harnais de guerre pour la préparation à une autre lutte, « le grand jour » de la revanche, lentement, fermement amené, en y travaillant de toutes ses forces dans le silence, dans la paix, en reforgeant les âmes, en refaisant la patrie.

P. et V. MARGUERITTE.

*
* *

L'offensive élève ordinairement les forces morales des troupes, tandis que la défensive les abaisse.

Général MARTYNOW.

*
* *

Il importe que la tradition des longues et grandes marches se maintienne. Un effort, une fatigue, qu'on sait ne présenter rien d'extraordinaire pour l'avoir éprouvé jadis par soi-même, on s'y soumet plus facilement que si on ne les connaissait pas du tout.

En les supprimant, au contraire, on s'habituerait peu à peu à considérer une fatigue, relativement médiocre, comme quelque chose d'extraordinaire, et peu à peu cette fatigue médiocre deviendrait extraordinaire, simplement par l'effet qu'elle produirait sur celui qui l'endure.

Général VON DER GOLTZ.

*
* *

Quel que soit le nom qu'on vous donne,
Tourangeaux, Picards, Béarnais,
L'armée est la grande patronne
Qui vous baptise tous Français.

P. DÉROULÈDE.

*
* *

Le Français aime l'entrain, le mouvement, l'initiative; mais l'immobilité dans le danger, si naturelle aux instincts résistants de certaines troupes, n'est pas son affaire. « Il faut, disait le général Hoche, que le Français avance ou recule, et le forcer à l'immobilité, c'est le condamner à être battu ».

CANAUGE.

... Il faut obéir, car à la guerre l'hésitation est toujours funeste; souvent une manœuvre hasardée, ou même mauvaise, mais exécutée avec décision, soutenue avec vigueur, surprend l'ennemi, le déconcerte et amène des succès dont le vainqueur est quelquefois le premier à s'étonner. C'est surtout avec une nation ardente comme le Français sur un champ de bataille, qu'il faut tout craindre de l'hésitation; elle tue le plus grand moyen de succès de nos armes.

Il faut obéir; dès qu'on discute, on se désunit.

Il faut obéir, enfin, dans votre intérêt propre, car le militaire est comptable des ordres qu'il donne et non de ceux qu'il reçoit. Quels que soient les événements, il est irréprochable quand il peut dire : j'ai obéi.

Général BLONDEL.

*
* *

O ma France! L'Europe est là qui te regarde,
Et dans l'Europe et près, tout près de nous, hélas!
De pauvres exilés guettent ton avant-garde.
Et ceux-là qui naguère ont porté ta cocarde,
Des sergents prussiens leur mettent l'arme au bras.

. . . .

Allons, allons, debout! Haut les cœurs, haut les âmes,
Rejette sans défi le joug trop supporté,
Mérite, peuple libre, un nom que tu réclames,
Et si la gloire un jour doit rallumer ses flammes,
Songe qu'elle a besoin du feu de ta fierté.

P. DÉROULÈDE.

*
* *

... Qui détruit la légende, détruit la foi. Grâce à la foi, l'abnégation s'implante dans l'âme, et l'intérêt général, c'est-à-dire celui de la Patrie, remplace victorieusement l'intérêt personnel et aide à dompter le tressaillement et le trouble de la chair qui, pendant la bataille, se présente chez le plus brave.

Général CANONGE.

*
* *

C'est un honneur que de servir.
Le jour où, voulant s'affranchir,
Le pays s'est mis sous ta garde.
Il a cru noblement agir,
Porte noblement sa cocarde.

P. DÉROULÈDE.

L'esprit militaire et le culte de l'uniforme sont inséparables. C'est pourquoi nos pères se mettaient en grande tenue avant le combat et s'en allaient à la mort parés comme pour un bal. La veille d'Austerlitz, Napoléon, visitant ses troupes bivouaquées sur la neige, les trouva astiquant leurs boutons et soufflant sur leurs plumets sortis de leurs gaines pour qu'ils fussent frais et épanouis le lendemain. Qui pourrait prétendre que ces plumets n'aient pas été d'un grand poids dans la victoire.

CANAUGE.

*
* *

Plus la nation française sera forte économiquement et militairement, plus elle sera glorieuse scientifiquement et artistiquement et mieux elle pourra remplir sa mission humanitaire.

R. COOLUS.

*
* *

Nous sommes ici-bas dans un poste, nul ne doit s'enfuir.

SOCRATE.

*
* *

Les générations présentes doivent se pénétrer de cette vérité éclatante que, dans le sort des destinées humaines, le « caractère » est d'un plus grand poids que l'esprit, la volonté que l'intelligence, la ténacité que le génie.

Docteur LE BON.

*
* *

La valeur d'un homme se mesure moins par le nombre des diplômes qu'il possède que par son caractère, c'est-à-dire par son esprit d'initiative et d'observation, par son jugement et sa volonté.

Avec de telles qualités, un homme réussira le plus souvent à devenir quelqu'un, s'il n'est pas toujours certain de devenir quelque chose; l'autre restera toute sa vie un mineur qu'il faudra diriger s'il n'a pu acquérir du caractère, un bon élève peut-être, mais jamais un chef.

X...

*
* *

Si le Germain, avec son génie impersonnel, est naturellement porté à la subordination, le Français, avec son individualité, sa nature généreuse, possède des fibres qu'il suffit de savoir remuer pour obtenir une discipline, plus intermittente peut-être, mais aussi plus agissante, et un élan, un entrain, une force d'impulsion caractéristiques.

S'il est plus difficile à commander que les autres, le Français répond plus vite et plus largement aux efforts et aux espérances; en des mains habiles il est un instrument de guerre autrement redoutable que l'automatique et impersonnel soldat prussien.

CANAUGE.

*
* *

Viens çà, conscrit, qu'on t'examine.
D'où viens-tu? quel est ton état?
Sais-tu l'honneur qu'on te destine?
Connais-tu ce mot : « Discipline? »
Comprends-tu ce titre : Un soldat?

P. DÉROULÈDE.

*
* *

La guerre est un fléau, mais un fléau fatal, inévitable, contre lequel tous les efforts destructeurs sont restés vains et stériles. C'est que le mal de la guerre est inhérent à notre humaine condition et que les hommes, en se faisant la guerre, obéissent moins aux règles de la raison souvent qu'à ce besoin d'imposer sa volonté à un plus faible que soi.

Général MARBOT.

*
* *

Aime tous les hommes, mais aime ta femme plus que toutes les femmes, ta patrie plus que toutes les patries.

*
* *

On n'a jamais repris que par les armes ce qu'on a perdu par les armes.

P. DÉROULÈDE.

*
* *

Le moral de la France est plus intéressé qu'on ne le croit généralement à ce que ses drapeaux ne restent pas obstinément pliés dans l'attente vague d'une circonstance incertaine. Elle est assez forte et puissante maintenant pour remplacer cette humilité, indigne d'elle, par la fierté éclairée de sa valeur et, sans oublier ses griefs, penser à l'avenir avec la confiance que doit donner la puissance.

CANAUGE.

Approche ici, que l'on t'instruise.
Lis ces deux mots sur cette croix :
Patrie, Honneur, c'est la devise,
Ce sont tes devoirs et tes droits.
Et ce vieux drapeau que tu vois,
C'est la robe de la payse,
Approche ici, que l'on t'instruise,
Lis ces deux mots sur cette croix.

P. DÉROULÈDE.

*
* *

Tous les peuples sont frères, mais mon premier frère c'est le frère français.

Avant de penser à soulager, à réparer, à supprimer les misères, les abus, les injustices, les iniquités, les infortunes que subissent tous les peuples de la terre, secourons, défendons, soulageons le peuple de France.

P. DÉROULÈDE.

*
* *

La brute, c'est le lâche, et l'instinct, c'est la peur.
La peur qui fait crier la bête au cœur de l'homme,
La peur qui le fait fuir en troupeaux éperdus,
Qui, dégradante au fond, est maladroite en somme,
Car l'ennemi vous vise et vous ne visez plus.
. . . .
La balle dans le dos tue aussi bien qu'au ventre,
Pour être moins longtemps tapés, tapons plus fort!

P. DÉROULÈDE.

*
* *

Le courage est une tendance à s'offenser par la résistance.

BROUSSAIS.

*
* *

La guerre féconde et retrempe les races en les arrêtant sur la pente de la décomposition sociale; elle rend aux individus le sentiment du devoir et du sacrifice.

Commandant DRIANT.

*
* *

Tout peuple qui perd sa foi marche à la décadence.

Livre du Prophète.

Il est toujours trop tôt pour périr et, de même que celui qui se noie saisit d'instinct le plus petit objet à sa portée, il est d'ordre moral naturel qu'un peuple, acculé au bord de l'abîme, mette en œuvre les moyens les plus extrêmes pour n'y pas tomber.

Un gouvernement qui, écrasé, anéanti par la chute de ses espérances, à la suite d'une bataille décisive perdue, ne pense qu'à rendre au plus vite les douceurs de la paix à son peuple et ne se sent ni le désir, ni l'énergie de tenter un suprême effort en y consacrant les dernières forces de la nation, commet par faiblesse une grande inconséquence et prouve ainsi qu'il n'était pas digne de la victoire.

CLAUSEWITZ.

*
* *

On peut dire que chaque jour qui se lève, chaque heure qui sonne, chaque soir qui tombe, renouvelle pour nous la vivante et cruelle leçon de l'Histoire.

R. POINCARÉ.

*
* *

Qui donc disait la Gaule à jamais asservie!
L'indomptable captive a délié ses liens;
L'Arverne aux cheveux blonds, du pied de Gergovie,
Comme un troupeau d'aurochs a chassé les Romains.
. . . .
Dans ton supplice obscur et ta longue souffrance,
O chef vainqueur d'un jour, nous voulons te bénir,
Car le pays gaulois qui survit dans la France
Te doit l'éclat premier de sa gloire à venir.

P. DE NOLHAC.

*
* *

J'y suis, j'y reste!

Maréchal de MAC-MAHON, à Malakoff.

*
* *

Des hommes ont passé, qui ne reculent pas.

H. DE RÉGNIER.

*
* *

Quand je pense que j'ai été maréchal de France et que je ne suis plus que roi de Suède!...

BERNADOTTE.

A vaincre sans péril, on triomphe sans gloire.

CORNEILLE.

*
* *

A l'école de la « nation armée », image de la France actuelle, s'élèveront parallèlement le niveau moral de l'armée et le niveau moral de la société.

CANAUGE.

*
* *

Si nous avons le droit de nous rappeler les joies et les jours heureux de la France, nous avons le devoir de conserver le souvenir de ses deuils et de ses calamités qui trempent nos caractères en nous indiquant nos devoirs. Aimons la France dans sa bonne comme dans sa mauvaise fortune. Souvenons-nous de la fière réplique du duc d'Aumale à Bazaine qui, pour sa défense, disait qu'après nos revers il n'y avait plus rien, plus de gouvernement.

— Il y avait la France!...

*
* *

La guerre n'est une science de calcul que pour le haut commandement; pour la troupe elle est surtout un jeu de risque-tout où la jeunesse gagne à tous coups.

MESSIMY.

*
* *

... En cours de route, un mal au pied vous prend, on continue son chemin; vous avez une jambe emportée, on saute sur l'autre; celle qui reste disparaît, on se traîne sur le ventre; rester en route, jamais!

Lieutenant BURTIN.

*
* *

« Dans notre métier il faut être cruel et Dieu me fasse misé-
« séricorde pour avoir faict tant de maux. » (Montluc.)

Aussi, disait Napoléon Ier, « il est de principe de ne donner
« bonne opinion de sa bonté qu'après s'être montré sévère
« pour les méchants et avoir donné la mesure de sa valeur ».

*
* *

Plus la nation sera grande, plus elle aura la religion de ses devoirs et plus l'armée sera forte.

P. et V. MARGUERITTE.

Tant vaut le chef, tant vaut la troupe.

*
* *

L'honneur consiste dans le mépris de tout ce qui est vil et bas; dans le culte de tout ce qui est grand, noble et généreux, dans le souci constant d'éviter tout ce qui pourrait nous abaisser à nos propres yeux et aux yeux de nos semblables et dans le désir de conserver, avec l'estime générale, intacte sa réputation.

CANAUGE.

*
* *

En 1870, l'effondrement des armées, la France ouverte, saignant du Nord au Centre et à l'Est, les défaites sur défaites, la paix sans nom déchirant la Patrie, les Allemands là, un pied encore sur sa gorge! Pouvait-on concevoir quelque chose de plus abominable.

P. et V. MARGUERITTE.

*
* *

... Au milieu du champ de bataille chevauche le comte Roland, sa Durandal au poing, qui bien branche et bien taille...

La chanson de Roland.

*
* *

Le soldat n'a pas à se mesurer tous les jours contre l'adversaire en armes et pourtant il se bat tous les jours; il se bat contre lui-même. Il lui faut batailler sans trêve contre les épreuves physiques et morales, contre les fatigues, les ennuis, les dégoûts, contre les résistances et les rébellions de l'humaine nature. Dans cette lutte quotidienne, il doit mettre son honneur à retremper sa force.

C'est en sachant se vaincre chaque jour, soi-même, qu'on apprend à vaincre l'ennemi dans ces jours rares qui créent ou refont la grandeur d'un pays.

Alb. VANDAL.

*
* *

Avec les hommes de cœur, jamais ne seront en péril ni l'honneur du pays, ni sa puissance.

X...

*
* *

Et voilà cette Chine, qui a travaillé à son bonheur comme si elle était seule sur la planète, mordue déjà en quelques coins de son territoire par les Russes, les Japonais, les Allemands, les Anglais et les Français, et qui ne demandent qu'à mordre davantage! Quelle leçon pour les pacifistes.

Veillons et préparons la victoire par un travail acharné.

Lieutenant BURTIN.

*
* *

L'armée nationale actuelle n'est pas quelque chose d'indépendant, de séparé de la société; elle n'est que la fidèle expression des qualités physiques et morales de son peuple.

Général MARTYNOW.

*
* *

Après le traité de Tilsitt (1807), qui ruinait la Prusse, la reine Louise avait dit à ses fils : « Souvenez-vous d'Iéna, souvenez-vous de l'affront des Français, devenez des hommes, « plus tard, vengez-nous! »

Le futur Guillaume Ier, le vainqueur de 1870, alors âgé de 10 ans, s'était souvenu de l'affront fait à sa mère. De cette époque date la nation allemande.

*
* *

Si tu veux la paix, prépare la guerre.

*
* *

Ils sont passés les jours de pleurs,
Et viennent les jours de bataille,
Nous irons où tu veux qu'on aille
Faire acclamer nos trois couleurs.
. . . .
.... Ce n'est pas la gloire encore,
Mais la fierté qui revient.
Autour du drapeau qui nous guide,
Tout un peuple attend, intrépide,
L'heure que nul ne peut prévoir.

P. DÉROULÈDE.

*
* *

L'armée est une école d'honneur, elle est une école d'égalité, elle est une école de pauvreté fière. L'armée ne connaît pas l'argent, n'en a cure et le dédaigne. En cela encore elle représente la démocratie dans ce qu'elle a de meilleur. Elle est comme l'expression brillante et noble de la démocratie elle-même et la démocratie ne s'y trompe pas.

Em. FAGUET.

*
* *

Et la revanche doit venir, lente peut-être,
Mais, en tout cas, fatale et terrible à coup sûr;
La haine est déjà née et la force va naître,
C'est aux faucheurs à voir si le champ n'est pas mûr.

P. DÉROULÈDE.

*
* *

Une des plus pernicieuses maladies qui puissent ronger un peuple, c'est l'oubli, surtout l'oubli des mauvais jours. Si la France de Napoléon III fut battue, c'est peut-être qu'elle ne se souvenait que de ses victoires. Qui fit au contraire l'unité de l'Allemagne, sinon le souvenir d'Iéna au cœur blessé de la Prusse?

P. et V. MARGUERITTE.

*
* *

Oui, cette terre ardente et diverse et fertile,
Bonne à tous les produits, prête à tous les essais,
Ce sol puissant, ces eaux vives, ce ciel mobile,
Tout cela, c'est la France...

P. DÉROULÈDE.

*
* *

Aux conférences de la Haye, les Etats ont confirmé cette vérité que, pour n'être pas surpris mal préparé, chacun doit rester sur ses gardes.

*
* *

Nul dans l'armée, qu'il ait ou non des galons d'or ou de laine, n'oublie la dette de haine encore impayée, le mot d'ordre que claironnèrent les lèvres ardentes de Gambetta, le deuil des hontes, les blessures de l'année terrible. Personne n'y a abdiqué l'espérance d'un retour de gloire, d'une revanche où les drapeaux recevront enfin le baptême du feu!

P. DÉROULÈDE.

*
* *

Les théories subversives qui ont cours dans certains milieux et qui, sous le beau nom de philanthropie, cherchent à étouffer le patriotisme, ne tendent en définitive qu'à déguiser nos devoirs, à amnistier la lâcheté et à détruire le moral national et l'idée de Patrie.

Docteur LE BON.

*
**

Ne les quittez pas encore, ces armes terribles avec lesquelles vous avez tant de fois fixé la victoire.

Général HOCHE.

*
**

... Mourir pour la Patrie,
C'est le sort le plus beau, le plus digne d'envie.

*
**

Les cohues d'hommes ne sont bonnes à rien et il vaut mieux manœuvrer et combattre avec de trop petits effectifs que de les grossir de troupeaux d'hommes sans consistance.

Général BORGNIS-DESBORDE.

*
**

C'est un droit, en même temps qu'un devoir strict, d'espérer en l'avenir et de préparer cet avenir.

DUFOURCQ.

*
**

Tout le monde est brave! La peur seule est artificielle et l'homme veut détruire tout ce qui veut lui nuire.

Général MARBOT.

*
**

Les Français d'aujourd'hui valent les Français d'hier; s'ils sommeillent, nous avons des tambours pour leur battre le réveil. Cela vaudra mieux que de les bercer d'une littérature aveulissante en attendant que le bruit du canon vienne secouer leur torpeur, ce qui serait peut-être trop tard.

MESSIMY.

*
**

Il faut que chacun se convainque que l'armée n'est pas une chose et la nation une autre. Faire faillite aux engagements d'honneur, à la stricte abnégation qu'exige le devoir de soldat, c'est se trahir soi-même et c'est trahir tous. L'armée aujourd'hui n'est pas autre chose que la Patrie debout.

P. et V. MARGUERITTE.

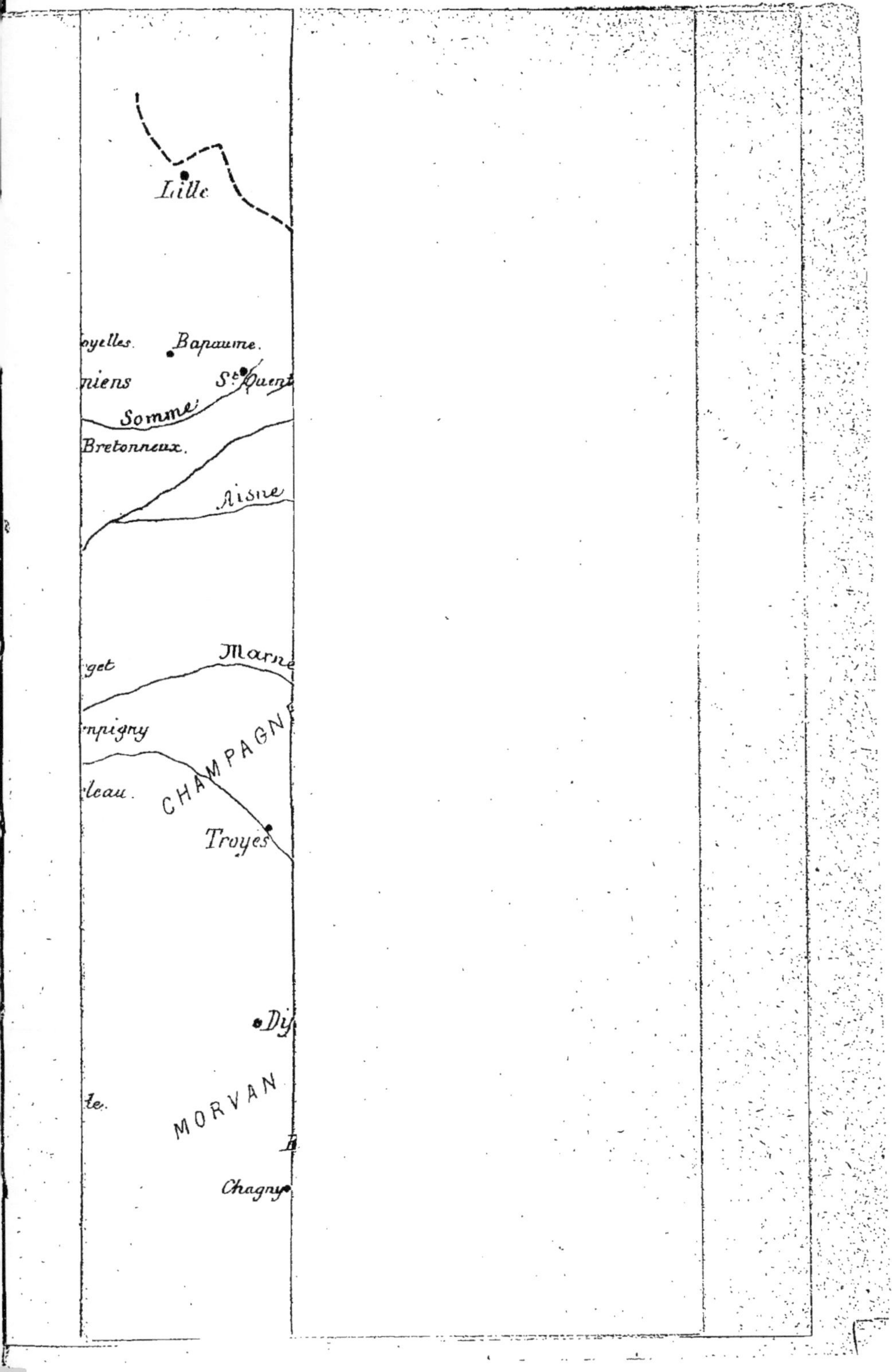

Lille

oyelles. Bapaume.

niens St Quent

Somme

Bretonneux.

Aisne

get Marne

npigny

CHAMPAGNE

leau.

Troyes

Dij

MORVAN

te.

Chagny

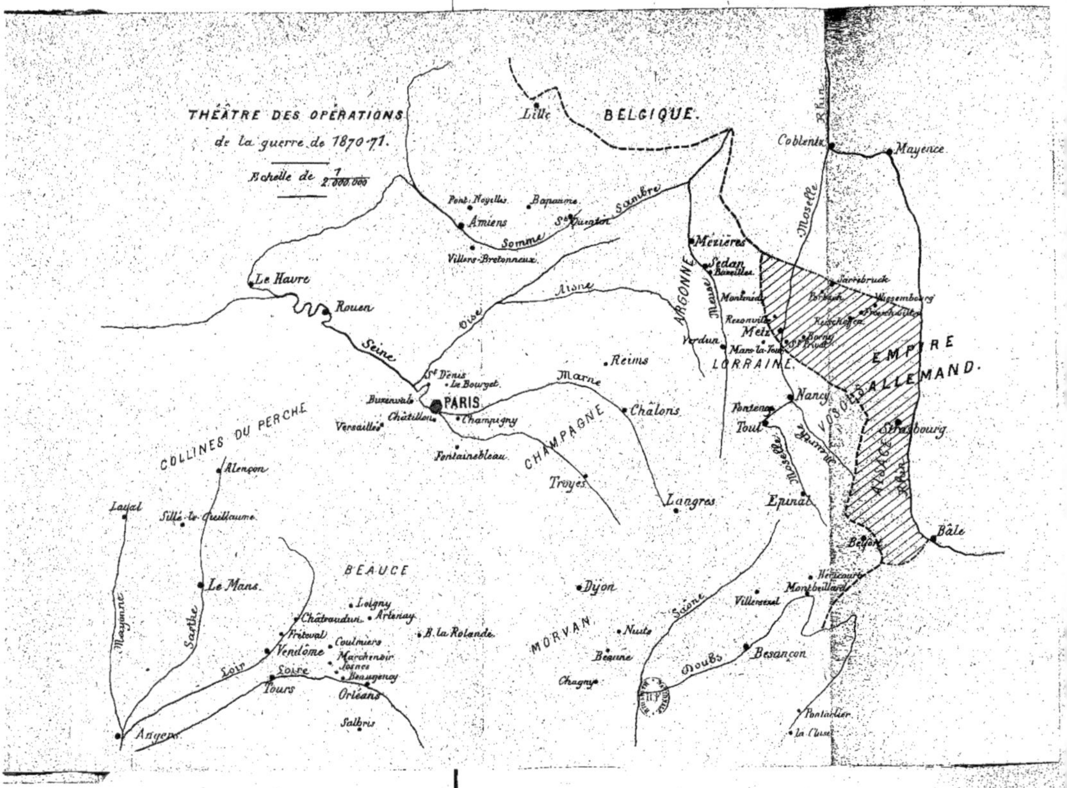

THÉÂTRE DES OPÉRATIONS
de la guerre de 1870-71.

Echelle de $\frac{1}{2.000.000}$

Lille
BELGIQUE.
Coblentz
Mayence
Rhin
Moselle
Pont-Noyelles.
Bapaume.
Amiens
St Quentin
Sambre
Somme
Villers-Bretonneux.
Mézières
Sedan
Bazeilles.
Le Havre
Rouen
Seine
Oise
Aisne
ARGONNE
Meuse
Sarrebruck
Forbach
Wissembourg
Froeschwiller
Rezonville
Metz
Verdun
Mars-la-Tour
LORRAINE.
EMPIRE
ALLEMAND.
St Denis
Le Bourget.
Reims
Marne
Buzenval
PARIS
Châtillon
Champigny
Châlons
Nancy
Fontenoy
Toul
VOSGES
Strasbourg
Versailles
COLLINES DU PERCHE
Fontainebleau.
CHAMPAGNE
Troyes
Alençon
Laval
Sillé-le-Guillaume.
Langres
Epinal
Moselle
ALSACE
Rhin
Bâle
Belfort
BEAUCE
Le Mans.
Loigny
Artenay
Dijon
Héricourt
Montbéliard
Villersexel
Mayenne
Sarthe
Châteaudun
Fréteval
Coulmiers
B. la Rolande.
MORVAN.
Nuits
Saône
Vendôme
Marchenoir
Josnes
Beaugency
Loir
Loire
Tours
Orléans
Beaune
Chagny
Doubs
Besançon
Salbris
Angers.
Pontarlier.
La Cluse.

Les campagnes lointaines trempent les énergies et préparent les caractères aux rigueurs de la guerre, et la communauté des peines, des privations et des dangers crée entre les chefs et les soldats un lien solide d'émulation et de solidarité qui fait les troupes homogènes.

*
* *

On a pu dire en 1870 que le maître d'école allemand avait vaincu la France; il faut aujourd'hui que le maître d'école français prépare la revanche.

Général PEDOYA.

*
* *

La Patrie n'est pas une femme en deuil qui promène sa douleur de monument funèbre à monument funèbre et qui va se lamenter jusque par delà la frontière sur des souvenirs de défaites.

Non! c'est une belle maîtresse, toujours jeune et ardente, qui aspire à la vie et pour laquelle nous sommes toujours prêts à verser joyeusement notre sang.

Général NIOX.

*
* *

Qui sert bien son pays n'a pas besoin d'aïeux.

VOLTAIRE.

*
* *

La guerre vous prend vos fils, qu'importe? puisque nos provinces, mères fécondes, en portent toujours de nouveaux dans leurs flancs.

G. HANOTAUX.

*
* *

O mon pays! souviens-toi,
Souviens-toi de ta souffrance.

P. DÉROULÈDE.

MARC IMHAUS & RENÉ CHAPELOT, IMPRIMEURS, NANCY ET PARIS

www.ingramcontent.com/pod-product-compliance
Ingram Content Group UK Ltd.
Pitfield, Milton Keynes, MK11 3LW, UK
UKHW021207220726
13924UKWH00003B/1372